하루 한 장
초등 경제 신문 2

문해력과 경제 상식을 동시에 키워주는

하루 한 장 초등 경제 신문 ②

김선, 윤지선 지음 | 퍼핀 감수

매경주니어 books

머리말

"다시 돌아온 하루 한 장 초등 경제 신문
이번에는 더 넓은 세상으로 나아갑니다!"

경제는 결코 멀리 있지 않습니다. 여러분의 하루 속에서 늘 함께 숨 쉬고 있지요.

〈하루 한 장 초등 경제 신문〉 1탄에서는 생수병 속 미세 플라스틱, 탕후루와 포켓몬빵, 삼겹살 가격처럼 생활 가까운 주제를 통해 경제 기사를 읽는 연습을 했습니다. 선생님들과 함께 경제 이슈를 분석하며 시사 상식을 넓히는 첫걸음을 내디뎠지요.

2탄에서는 시야를 더 크게 넓혀 보려 합니다. 나, 우리, 나라, 국제, 환경, 문화, 미래·과학의 일곱 가지 영역 속에서 생활과 사회, 그리고 세계를 잇는 다양한 경제 이슈들을 만나게 될 거예요. 신문을 읽는 동안 여러분은 단순히 경제 용어를 외우는 것이 아니라, 핵심 질문에 답하고 기사 속 수치와 그래프를 분석하며 사고를 키우게 됩니다. 이 과정은 경제를 이해하는 힘을 길러

주고, 스스로를 돌아볼 수 있는 메타인지의 토대가 되어 미래 인재로 성장하는 밑거름이 될 것입니다.

 벤저민 프랭클린은 이렇게 말했습니다. "지식에 대한 투자는 최고의 이자를 낳는다." 배움은 곧 자산이며 시간이 흐를수록 더 큰 이익으로 돌아오지요. 오늘의 작은 배움이 내일의 지혜가 되고, 그 지혜는 여러분의 삶을 단단히 지켜 줄 것입니다.

 여러분이 생활 속 경제를 더 가깝게 느끼고 세상을 새롭게 바라보길 바랍니다. 이제, 두 번째 여정을 함께 시작해 볼까요?

2025년 가을

김선, 윤지선 선생님

이 책의 구성과 특징

이 책은 초등학생이 꼭 알아야 하는 경제 지식을 〈매일경제신문〉의 기사를 통해 전달합니다. 각 기사를 초등학생의 눈높이에 맞춰 풀어썼으며, 아이들이 쉽게 지문을 읽고 문제를 풀며 경제 상식을 키울 수 있도록 구성했습니다.

제목
아이들에게 친숙한 주제로 경제 기사에 대한 친근감을 높였습니다.

001

초등학생이 가장 선호하는 직업인 유튜버의 수입은?

요즘 초등학생들이 가장 되고 싶어 하는 직업 중 하나가 바로 **디지털 크리에이터**예요. 유튜브나 틱톡 같은 플랫폼에 재미있고 개성 있는 영상을 올려 많은 사람들에게 인기를 얻고, 그 인기를 바탕으로 광고나 후원을 통해 돈을 벌 수 있지요.

과학기술정보통신부와 한국방송통신전파진흥원 조사에 따르면, 디지털 크리에이터의 연평균 수익은 약 1,346만 원, 한 달로 치면 약 112만 원이에요. **최저시급**이 약 1만 원인 요즘, 크리에이터라고 해서 무조건 큰돈을 버는 건 아니라는 뜻이죠. 하지만 국세청 자료를 보면, 상위 10% 크리에이터는 연평균 5억 3,800만 원, 월 약 4,500만 원을 벌어 같은 직업이라도 **소득 격차**가 매우 크다는 걸 알 수 있어요.

거의 모든 크리에이터가 콘텐츠 기획부터 촬영과 편집까지 직접 만드는데 한 달 평균 일반 영상 12개, 짧은 영상 9개를 올린다고 해요. 보통 영상 하나를 만드는데 평균 20시간이나 걸린다니, 일반 직장인이 꼬박 이에요.

크리에이터들이 말하는 가장 어려운 점은 바로 다는 거였어요. 우리가 화면에서 보는 멋지고 화려력, 그리고 소득을 얻기까지의 기다림이 숨어 있는 꿈꾼다면, 꾸준히 콘텐츠를 만들고 성실하게 운영해야 한다는 것도 꼭 기억하세요!

기사 내용 관련
20년 이상 현직 선생님들이 아이들의 수준에 맞게 기존 신문 기사를 풀어썼습니다.

◆ 어휘 쏙쏙

- **디지털 크리에이터**: 유튜브 등 광고 기반 플랫폼에 콘텐츠를 올리고, 수익을 창출하는 창작자.
- **최저시급**: 나라에서 정한 근로자(노동자)에게 지급해야 하는 최소한의 시간당 임금.
- **소득 격차**: 사람이나 집단이 버는 돈의 많고 적음에 차이가 나는 현상.

어휘 쏙쏙
사회 이슈에 대한 어휘를 쏙쏙 소개합니다.
상식뿐 아니라 문해력도 쑥쑥 자라납니다.

The 똑똑하게 신문 읽기
긴 지문을 관통하는 주제를 찾을 수 있는 핵심 질문을 제시합니다.

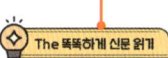
The 똑똑하게 신문 읽기
디지털 크리에이터들이 말하는 가장 큰 어려움은 무엇인가요?

쏙쏙 경제 심화 학습

유튜버도 세금을 낼까요?

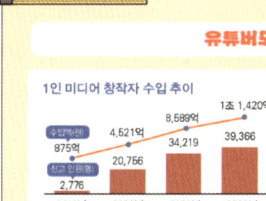

1인 미디어 창작자 수입 추이
- 2019년: 875억 / 2,776명
- 2020년: 4,521억 / 20,756명
- 2021년: 8,589억 / 34,219명
- 2022년: 1조 1,420억 / 39,366명

2025년 종합소득세율(과세표준 기준)
과세표준 구간	세율
1,200만 원 이하	6%
1,200만 원 초과~4,600만 원 이하	15%
4,600만 원 초과~8,800만 원 이하	24%
8,800만 원 초과~1억 5천만 원 이하	35%

디지털 크리에이터 수입이 2019년에서 2022년까지 3년 만에 13배 이상 늘었어요. 같은 기간 2,776명에서 39,366명으로 크게 늘며, 유튜버를 포함한 디지털 크리에이터 시장이 크게 성장하고 있어요. 이처럼 시장이 커질수록 세금에 대한 관심과 책임...

...아니에요. 먼저 종합소득세는 1년 동안 경제 활동으로 번 모든 소득에 ...요. 유튜버는 정보통신업으로 분류되며, 광고 수익·협찬 수익·물건 판... 합산해 매년 5월에 종합소득세를 신고하고 내야 해요.

...(부가세)예요. 보통 사업자는 매출의 10%를 부가세로 내요. 그런데 유...수익은 부가세가 0%예요. 이것을 영세율이라고 해요. 왜일까요? 유튜버...국외 사업자인 구글로부터 광고 대가를 받기 때문이에요.

쏙쏙 경제 심화 학습
어디에서도 볼 수 없는 초등 눈높이에 맞춘 경제 상식을 모았습니다. 기사와 관련되어 더 깊이 알아야 하는 경제 이슈를 다뤄 사회를 바라보는 시야를 넓힙니다.

메타인지가 쏙쏙
디지털 크리에이터들이 유튜브로 수익을 얻었다면 어떤 세금을 내야 할까요?

메타인지가 쏙쏙
메타인지 향상을 위해 스스로 경제 지식을 체크해 볼 수 있는 문제를 제시합니다.

부록_기사 원문 보기 관련 기사를 더 깊이 이해하고 싶은 어린이를 위해 QR코드를 넣어 원 기사를 읽을 수 있도록 구성했습니다.

차례

머리말 4
이 책의 구성과 특징 6

Part 1. 나

001. 초등학생이 가장 선호하는 직업인 유튜버의 수입은? 16
002. 주식에 도전하는 10대가 늘고 있어요 18
003. 내가 1년에 받은 택배가 무려 115개나 된다고요? 20
004. 브라질 닭 때문에 우리 치킨값이 오른다고요? 22
005. 이것도 중국산 김치? 배춧값이 치솟은 이유 24
006. 돈을 아끼고 모으는 법, 이제 학교에서 배워요 26
007. 현금은 줄고, 카드와 디지털 화폐가 주인공이 되는 시대 28
008. 아직 출시도 안 된 게임기가 두 배 가격에 팔린다고요? 30
009. 진짜처럼 보이지만 거짓일 수도 있는 가짜뉴스 32
010. 우리나라 학생 3명 중 1명은 잠이 부족해요 34

011. 노담·노술이지만, 숏폼 영상은 멈추기 힘들어요 ·········· 36

012. 비만은 줄었으나 시력 저하와 충치는 늘고 있어요 ·········· 38

013. 함부로 맞으면 위험한 성장호르몬 주사 ·········· 40

Part 2. 우리

001. 노쇼로 남은 밥버거 100개, 무료로 나눈 착한 사장님 ·········· 44

002. 여행 갔다가 깜짝! 제주도 바가지요금 이야기 ·········· 46

003. 우리 지역에서만 쓸 수 있는 특별한 지역화폐 ·········· 48

004. 영끌해서 가게를 열었는데, 경쟁이 너무 치열해요 ·········· 50

005. 하루 2시간, 길 위에서 보내는 사람들이 있다고요? ·········· 52

006. 선을 넘은 카공족 때문에 카페 규칙이 달라졌어요 ·········· 54

007. 관객이 줄자, 영화관 두 곳이 힘을 합쳤어요 ·········· 56

008. 용돈 33만 원을 모아 기부한 초등학생의 따뜻한 이야기 ·········· 58

009. 통신사 해킹으로 2,600만 명의 정보가 유출됐어요 ·········· 60

010. 앞으로 더 많은 학교가 사라질 수도 있어요 ·········· 62

011. 우리 함께 저출생과 고령화 문제를 해결해요! ·········· 64

012. 블루 오션으로 떠오르는 시니어 산업은 왜 인기일까요? ·········· 66

013. 운전면허를 반납한 어르신께 40만 원이 지원돼요 ·········· 68

Part 3. 나라

- **001.** 대전에서만 살 수 있는 특별한 꿈돌이 라면 ········ 72
- **002.** 1초에 79개, 한국 라면이 전 세계로 팔려요 ········ 74
- **003.** 우리나라 웹툰 시장이 위기에 빠졌어요 ········ 76
- **004.** 하루만 일해도 100만 원을 받는 특별한 알바 ········ 78
- **005.** 나이와 직업 상관없이 모두가 당할 수 있는 보이스 피싱 ········ 80
- **006.** 거짓 테러 협박으로 멈춘 공연과 백화점, 경제적 손실이 커져요 ········ 82
- **007.** 가게 리뷰가 대출에도 도움이 된다고요? ········ 84
- **008.** 한국 주식시장이 힘을 내고 있어요! 코스피 3,000 시대 ········ 86
- **009.** 경제가 불안하다고 느끼면 사람들은 왜 금을 살까요? ········ 88
- **010.** 13만 개나 되는 특허를 가진 기업은 어디일까요? ········ 90
- **011.** 우리나라 14개 지방공항 중 11곳이 적자라고요? ········ 92
- **012.** 싱글 페널티 때문에 혼자 사는 사람들이 불만이 많아요 ········ 94
- **013.** 부산에서 세계문화유산의 미래를 함께 이야기해요 ········ 96

Part 4. 국제

- **001.** 운전석에 사람이 없다! 인공지능 로보택시 출발 ········ 100
- **002.** 미국 도로가 깜짝! 자동차가 공중 점프한 사연 ········ 102

003. 전쟁 중인 러시아, 제주 감귤을 왜 이렇게 많이 살까? ········ 104

004. 일본 쌀이 부족해지자 한국산 쌀이 인기 ········ 106

005. 베네치아를 떠들썩하게 만든 760억 원짜리 결혼식 ········ 108

006. 한한령이 뭐길래? K팝 스타들이 중국에 못 가요 ········ 110

007. 만화책 한 권 때문에 무려 5조 원이 사라졌다고요? ········ 112

008. 지브리풍 얼굴이 인기! 챗GPT 가입자가 폭발한 이유는? ········ 114

009. AI 천재를 잡아라! 빅테크 기업들의 스카우트 전쟁 ········ 116

010. 세계를 놀라게 한 은퇴 소식, 워런 버핏은 누구일까요? ········ 118

011. 세상에서 가장 비싼 치즈, 6천만 원에 팔린 비밀 ········ 120

012. 한국과 미국의 무역 관세 협상이 끝났어요 ········ 122

013. 호주에서는 16세 미만 청소년이 SNS를 사용할 수 없어요 ········ 124

Part 5. 환경

001. 사상 최강의 무더위로 에어컨 판매가 늘어났어요 ········ 128

002. 불쾌한 러브버그, 왜 약을 안 뿌릴까요? ········ 130

003. 종이 빨대, 앞으로도 계속 써야 할까요? ········ 132

004. 이젠 빠르기보다 착하게! 달라진 요즘 옷 이야기 ········ 134

005. 친환경 제품이라더니, 친환경이 아닐 수도 있다고요? ········ 136

006. 그 많던 꿀벌은 다 어디로 갔을까요? ········ 138

007. 우리 동네 땅속은 괜찮을까? 서울시가 싱크홀 지도를 공개했어요 ········ 140

008. 우리나라에서 가장 큰 산불 피해가 생겼어요 ⋯⋯⋯⋯⋯⋯⋯⋯ 142

009. 친환경차가 대세! 처음으로 내연차보다 더 많이 팔렸어요 ⋯⋯⋯⋯ 144

010. 배에서 나오는 탄소에도 세금을 내야 한다고요? ⋯⋯⋯⋯⋯⋯ 146

011. 불가사리를 보물로 바꾸는 놀라운 발명 ⋯⋯⋯⋯⋯⋯⋯⋯⋯ 148

012. 비가 많이 오면 보험회사는 왜 힘들어질까요? ⋯⋯⋯⋯⋯⋯⋯ 150

013. 환경도 지키고 교통비도 아끼는 기후동행카드 ⋯⋯⋯⋯⋯⋯⋯ 152

Part 6. 문화

001. 책 읽기가 멋있는 시대, 종이 매체의 귀환 ⋯⋯⋯⋯⋯⋯⋯⋯ 156

002. 대한민국, 다시 책에 빠지다! 한강 작가가 불러온 변화 ⋯⋯⋯⋯ 158

003. 꼭 필요한 것만 사는 요노족의 똑똑한 소비 습관 ⋯⋯⋯⋯⋯⋯ 160

004. '천천히 늙기'가 인기라고? 2030의 건강 전략 ⋯⋯⋯⋯⋯⋯⋯ 162

005. 옛날 카메라와 헌 옷, 10대들이 찾는 특별한 멋 ⋯⋯⋯⋯⋯⋯ 164

006. 새로운 매력으로 다시 태어난 전통문화 ⋯⋯⋯⋯⋯⋯⋯⋯⋯ 166

007. 불확실한 미래가 걱정돼, 운세를 보는 사람들이 늘었어요 ⋯⋯⋯ 168

008. 금보다 비싼 인형! 전 세계가 열광하는 '라부부' ⋯⋯⋯⋯⋯⋯ 170

009. K팝 유니버스의 힘, 〈케이팝 데몬 헌터스〉가 세계를 사로잡다 ⋯ 172

010. 로봇이 주인공인 한국 뮤지컬이 세계를 감동시키다 ⋯⋯⋯⋯⋯ 174

011. K팝과 애니메이션으로 한국과 일본 청년이 만나다 ⋯⋯⋯⋯⋯ 176

012. 전 세계 5억 명이 본 게임 대회, 엄청난 경제 효과 ⋯⋯⋯ 178

013. 손흥민 따라 움직이는 스포츠 방송 시장 ⋯⋯⋯ 180

Part 7. 미래·과학

001. 직원 10명이 조 단위를 번 비밀! 작은 회사의 놀라운 성공 ⋯⋯⋯ 184

002. 세상을 바꿀 10가지 미래 기술은 무엇일까? ⋯⋯⋯ 186

003. 5년 뒤 등장할 똑똑한 양자컴퓨터 ⋯⋯⋯ 188

004. AI가 법까지 도와준다! 똑똑한 법률 도우미 ⋯⋯⋯ 190

005. 이제 농사도 AI가 척척! 스스로 일하는 똑똑한 트랙터 ⋯⋯⋯ 192

006. 10대와 20대가 더 오래 쓰는 토종 AI 앱이 있다 ⋯⋯⋯ 194

007. 스마트폰 다음은 스마트안경 시대가 와요 ⋯⋯⋯ 196

008. 뉴스 보는 법도 변했다, 이제는 스마트폰과 인터넷으로 본다 ⋯⋯⋯ 198

009. '민감 국가'가 되면 어떤 일이 생기는 걸까? ⋯⋯⋯ 200

010. 몸무게 줄여주는 주사, 왜 이렇게 인기일까? ⋯⋯⋯ 202

011. 빌 게이츠가 찾은 치매 예측의 비밀 ⋯⋯⋯ 204

012. 600년 만에 돌아온 자이언트 새, 모아 복원 프로젝트 ⋯⋯⋯ 206

013. 스타링크처럼 우리도 초소형 위성 100기 쏜다 ⋯⋯⋯ 208

부록_ 기사 원문 보기 ⋯⋯⋯ 212

001 초등학생이 가장 선호하는 직업인 유튜버의 수입은?

요즘 초등학생들이 가장 되고 싶어 하는 직업 중 하나가 바로 **디지털 크리에이터**예요. 유튜브나 틱톡 같은 플랫폼에 재미있고 개성 있는 영상을 올려 많은 사람들에게 인기를 얻고, 그 인기를 바탕으로 광고나 후원을 통해 돈을 벌 수 있지요.

과학기술정보통신부와 한국방송통신전파진흥원 조사에 따르면, 디지털 크리에이터의 연평균 수익은 약 1,346만 원, 한 달로 치면 약 112만 원이에요. **최저시급**이 약 1만 원인 요즘, 크리에이터라고 해서 무조건 큰돈을 버는 건 아니라는 뜻이죠. 하지만 국세청 자료를 보면, 상위 10% 크리에이터는 연평균 5억 3,800만 원, 월 약 4,500만 원을 벌어 같은 직업이라도 **소득 격차**가 매우 크다는 걸 알 수 있어요.

거의 모든 크리에이터가 콘텐츠 기획부터 촬영과 편집까지 직접 만드는데 한 달 평균 일반 영상 12개, 짧은 영상 9개를 올린다고 해요. 보통 영상 하나를 만드는데 평균 20시간이나 걸린다니, 일반 직장인이 꼬박 3일 동안 일하는 시간과 비슷한 셈이에요.

크리에이터들이 말하는 가장 어려운 점은 바로 수익이 생기기까지 오랜 시간이 걸린다는 거였어요. 우리가 화면에서 보는 멋지고 화려한 모습 뒤에는 긴 제작 시간과 노력, 그리고 소득을 얻기까지의 기다림이 숨어 있는 거죠. 여러분이 디지털 크리에이터를 꿈꾼다면, 꾸준히 콘텐츠를 만들고 성실하게 운영해야 한다는 것도 꼭 기억하세요!

어휘 쏙쏙

- **디지털 크리에이터**: 유튜브 등 광고 기반 플랫폼에 콘텐츠를 올리고, 수익을 창출하는 창작자.
- **최저시급**: 나라에서 정한 근로자(노동자)에게 지급해야 하는 최소한의 시간당 임금.
- **소득 격차**: 사람이나 집단이 버는 돈의 많고 적음에 차이가 나는 현상.

 **The 똑똑하게 신문 읽기**

디지털 크리에이터들이 말하는 가장 큰 어려움은 무엇인가요?

 쏙쏙 경제 심화 학습

유튜버도 세금을 낼까요?

1인 미디어 창작자 수입 추이

수입액(원): 875억, 4,521억, 8,589억, 1조 1,420억
신고 인원(명): 2,776, 20,756, 34,219, 39,366
2019년 / 2020년 / 2021년 / 2022년
국세청에 신고한 연간 수입액 기준 자료: 국세청

2025년 종합소득세율(과세표준 기준)

과세표준 구간	세율
1,200만 원 이하	6%
1,200만 원 초과~4,600만 원 이하	15%
4,600만 원 초과~8,800만 원 이하	24%
8,800만 원 초과~1억 5천만 원 이하	35%

디지털 크리에이터 수입이 2019년에서 2022년까지 3년 만에 13배 이상 늘었어요. 같은 기간 세금 신고 인원도 2,776명에서 39,366명으로 크게 늘며, 유튜버를 포함한 디지털 크리에이터 활동이 빠르게 성장하고 있어요. 이처럼 시장이 커질수록 세금에 대한 관심과 책임도 커지고 있어요.

유튜버 역시 예외가 아니에요. 먼저 종합소득세는 1년 동안 경제 활동으로 번 모든 소득에 대해 내는 세금이에요. 유튜버는 정보통신업으로 분류되며, 광고 수익·협찬 수익·물건 판매 수익 등을 모두 합산해 매년 5월에 종합소득세를 신고하고 내야 해요.

다음은 부가가치세(부가세)예요. 보통 사업자는 매출의 10%를 부가세로 내요. 그런데 유튜버의 영상 광고 수익은 부가세가 0%예요. 이것을 영세율이라고 해요. 왜일까요? 유튜버는 우리나라가 아닌 국외 사업자인 구글로부터 광고 대가를 받기 때문이에요.

 메타인지가 쏙쏙

디지털 크리에이터들이 유튜브로 수익을 얻었다면 어떤 세금을 내야 할까요?

정답: 종합소득세

주식에 도전하는 10대가 늘고 있어요

요즘 10대와 20대 사이에서 '소년·소녀 개미'라는 말이 자주 들려요. '개미'는 적은 돈으로 **주식 투자**를 하는 개인을 뜻하는데, '소년·소녀 개미'는 어린 나이에도 주식에 관심을 갖고 직접 투자하는 청소년들을 말해요.

실제로 한국예탁결제원 자료를 보면, 2022년 기준으로 미성년 주주는 75만 명이 넘어요. 2020년에는 약 27만 명이었으니까, 2년 만에 거의 3배 가까이 늘어난 거예요. 그중에서도 청소년 투자자들이 가장 많이 투자한 회사는 바로 삼성전자예요. 2023년 말 기준, 삼성전자 주식을 가진 20세 미만 주주는 약 39만 명이나 되고, 이들이 가진 주식 가치는 평균 약 282만 원 정도나 된다고 해요. 정말 놀랍죠?

이렇게 청소년 투자자가 늘어난 이유는, 부모님이 자녀에게 주식을 선물로 주는 경우가 많아졌기 때문이에요. 그러면서 자연스럽게 금융 공부도 함께 시작하게 되는 거죠. 직접 주식을 사고팔아 보면, '**시가**', '**배당**' 같은 어려운 경제 용어도 훨씬 쉽게 이해할 수 있어요.

요즘은 주식 이야기가 어른들만의 것이 아니라, 친구끼리도 자연스럽게 나눌 수 있는 주제가 되었어요. 기회가 된다면 부모님과 함께 주식시장에 대해 알아보고, 조금씩 경험해 보는 것도 좋아요. 물론, 무리하게 투자하지 않고, 안전하고 똑똑한 습관을 기르는 게 가장 중요하답니다.

어휘 쏙쏙

- **주식 투자**: 주식회사의 자본을 구성하는 단위인 주식을 사서 이익을 얻으려는 활동.
- **시가**: 주식이 오늘 처음 거래를 시작할 때의 가격.
- **배당**: 회사를 가진 사람에게 회사가 번 돈을 나눠주는 것.

The 똑똑하게 신문 읽기

청소년들이 주식에 관심을 갖는 이유는 무엇인가요?

쏙쏙 경제 심화 학습

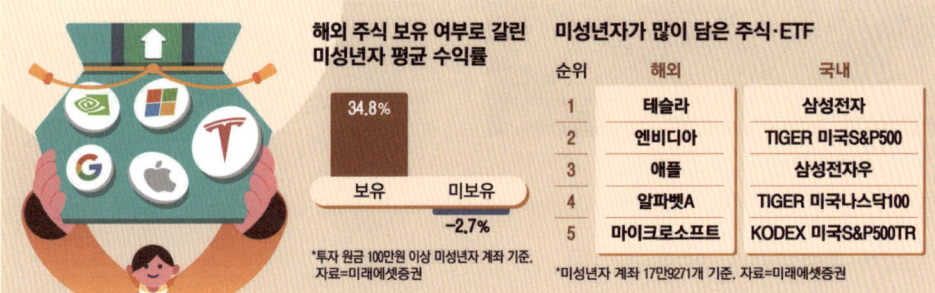

해외 주식을 가진 미성년자는 평균 34.8%의 수익률을 얻었고, 해외 주식이 없는 경우는 -2.7% 손해를 보았어요. 미성년자가 가장 많이 산 해외 주식 1위는 테슬라, 그다음은 엔비디아, 애플, 알파벳A, 마이크로소프트예요. 국내 주식에서는 삼성전자가 1위, ETF 상품인 'TIGER 미국S&P500'과 'TIGER 나스닥100'도 인기가 많았어요. ETF는 여러 기업 주식을 한꺼번에 묶어 투자하는 상품으로, 지수를 따라 움직이는 투자 방법이에요.

메타인지가 쑥쑥

만약 내가 가진 100만 원으로 주식을 살 수 있다면, 다음 중 어떤 회사의 주식을 사고 싶나요? 그리고 왜 그 회사를 선택했는지 이유도 함께 적어 보세요.

주식		
이유		

내가 1년에 받은 택배가 무려 115개나 된다고요?

출처: 셔터스톡

지난해 우리나라에서 배송된 택배는 약 59억 6천만 개였어요. 이는 1년 전보다 15.6%나 늘어난 수치이고, 코로나19가 시작되기 전인 2019년에 비하면 무려 두 배 이상 많아졌어요. 택배가 이렇게 늘어난 데는 여러 이유가 있어요.

우선 **비대면 거래**가 많아졌고, 알리익스프레스나 테무 같은 중국 온라인 쇼핑몰이 국내에 들어오면서 택배 물량이 증가했어요. 게다가 온라인 쇼핑 회사들이 무료 배송이나 정기 구독 서비스를 시작한 것도 영향을 줬지요.

그리고 경기가 좋지 않다 보니 중고 물건을 사고파는 사람도 많아졌어요. 이 역시 택배 이용을 늘린 원인이에요. 예를 들어 GS25 편의점의 '반값 택배'는 2019년엔 9만 건 정도였는데, 2023년에는 1,200만 건을 넘었어요. 개인 간 택배가 늘어난 거예요. 이런 변화 덕분에 지난해 우리나라 사람 한 명이 1년에 평균 115.2건의 택배를 이용했다고 해요. 거의 한 달에 10번꼴로 택배를 받은 셈이지요.

하지만 택배가 많아지면서 생기는 문제도 있어요. 택배 기사님의 근무 환경이 나빠지고, 포장 쓰레기가 많아지며, 교통 체증과 대기 오염도 심해지고 있어요. 이런 문제를 해결하기 위해 국토교통부는 **민관 합동** 전담 조직을 만들었어요. 이를 통해 택배 배송의 **효율성**을 높이고, 일하는 분들의 근로 환경을 더 좋게 만들 계획이에요. 또 교통 체증과 대기오염 문제를 줄이기 위해서도 힘쓸 것이라고 밝혔어요.

어휘 쏙쏙

- **비대면 거래**: 직접 만나지 않고, 물건을 사고파는 방식.
- **민관 합동**: 민간과 정부가 모여 일이나 사업을 함께하여 나가는 것.
- **효율성**: 들인 대가나 노력에 비하여 훌륭한 결과를 얻을 수 있는 기능이나 성질.

The 똑똑하게 신문 읽기

택배의 양이 늘어난 이유를 한 가지만 적어 보세요.

 쏙쏙 경제 심화 학습

우리 경제를 움직이는 힘, 유통

❶ 원재료 → ❷ 제조 → ❸ 유통 → ❹ 가정

유통은 생산자가 만든 물건이 여러 단계를 거쳐 소비자에게 전달되는 과정이에요. 생산자가 전국 소비자에게 직접 배달하기는 어렵고 시간이 오래 걸리기 때문에, 빠르고 편리하게 물건을 전하려면 유통이 꼭 필요하답니다.

게다가 유통이 있으면 일자리도 생겨요. 택배 기사, 마트 직원 등 모두 유통 덕분에 일할 수 있지요. 유통이 없으면 세상은 동네 시장처럼 작아질 거예요. 하지만 유통이 있으면 멀리 있는 물건도 쉽게 사고팔 수 있어, 전 세계가 하나의 큰 시장처럼 이어질 수 있답니다.

 메타인지가 쏙쏙

다음 문제의 해결 방법을 찾아 적어 보세요.

현상	문제점	해결 방법
트럭, 택배 증가	공기오염, 쓰레기 증가	
충동적 물건 구매	자원 낭비	
인터넷 쇼핑 집중	동네 가게 손님이 줄어듦	

브라질 닭 때문에 우리 치킨값이 오른다고요?

전 세계 최대 닭고기 수출국인 브라질에서 **조류 인플루엔자**가 발생했어요. 그러자 우리 정부는 곧바로 브라질산 닭고기와 달걀의 수입을 금지 **조치**를 내렸어요. 이 때문에 국내에서도 닭고기가 부족해져, 치킨을 이용한 음식 가격이 오를 수 있다는 걱정이 나오고 있어요.

출처: 픽사베이

브라질 닭과 우리나라 치킨 가격이 관련 있는 이유는, 수입 닭고기의 약 88%가 브라질산이기 때문이에요. 브라질산 닭은 주로 순살치킨, 닭강정, 편의점 치킨 등에 쓰이며 국내산보다 저렴해 중소 브랜드와 식당들이 많이 사용해요. 그래서 브라질 닭고기를 수입하지 못하면 더 비싼 닭을 써야 하고, 자연스럽게 치킨 가격도 오를 수밖에 없어요.

하지만 너무 걱정할 필요는 없어요. 우리나라에서 소비되는 닭고기의 80% 이상이 국내에서 생산되기 때문에 큰 문제는 없을 거라고 해요. 우리가 잘 아는 유명 치킨 브랜드들도 모두 국내산 닭만 사용한다고 밝혔어요.

정부는 이번 사태를 안정적으로 해결하는 한편, 앞으로는 닭고기와 달걀의 국내 생산을 늘리고, 수입국을 다양화하는 방안을 추진할 계획이에요. 농림부 관계자에 따르면, 치킨 업체들이 이미 약 두 달간 사용할 수 있는 **재고**를 보유하고 있어 당분간 치킨이 부족해지거나 가격이 크게 오를 가능성은 낮다고 해요.

 어휘 쏙쏙

- **조류 인플루엔자**: 닭·오리 등 조류에서 발생하며 일부는 사람에게도 전염되는 전염병.
- **조치**: 벌어지는 사태를 잘 살펴서 필요한 대책을 세워 실행함. 또는 그 대책.
- **재고**: 새로 만든 것이 아니고, 전에 만들어 아직 상점에 내놓지 않았거나, 팔다가 남아서 창고에 쌓아 놓은 물건.

The 똑똑하게 신문 읽기

브라질 닭이 병에 걸린 것과 한국 치킨 가격이 오르는 것은 어떤 관계가 있는 걸까요?

 쏙쏙 경제 심화 학습

가격은 왜 올라가는 거예요?

물건을 만드는 데 드는 돈을 '비용'이라고 해요. 예를 들어 빵을 만들 때 밀가루값, 설탕값, 인건비, 전기요금 등이 모두 비용에 포함돼요. 만약 밀가루값이나 직원 월급이 오르면, 빵을 만드는 데 들어가는 돈이 더 많아지겠죠.

이렇게 비용이 늘어나면, 가게 주인은 남는 이익이 줄어들거나 손해를 볼 수도 있어요. 그래서 비용이 계속 올라가면, 가게 주인도 어쩔 수 없이 빵값을 올리게 돼요. 실제로 많은 회사들이 원재료 가격이 오르면 제품 가격을 함께 올려 소비자가 피해를 보는 경우가 있어요.

 메타인지가 쏙쏙

브라질산 닭고기 수입이 중단되면, 일부 닭고기 음식 가격이 오르는 이유는 무엇인가요?

① 닭의 종류가 많아져서
② 한국 사람들이 닭고기를 싫어하기 때문에
③ 값싼 브라질산 닭 대신, 비싼 국내 닭을 써야 하기에
④ 닭을 키우는 사람이 줄어서

정답: ③

이것도 중국산 김치? 배춧값이 치솟은 이유

올해 1월부터 3월까지 우리나라로 들어온 김치 **수입**량이 역대 가장 많았어요. 관세청에 따르면, 올해 1분기 김치 수입액은 4,756만 달러, 우리 돈으로 약 653억 원으로 작년 같은 기간보다 16.7% 늘었어요. 수입량도 8,097톤으로 10% 넘게 증가했어요.

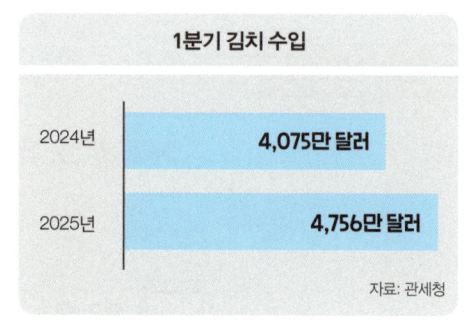

그렇다면 왜 이렇게 김치 수입이 늘었을까요? 가장 큰 이유는 배춧값이 많이 오른 거예요. 김치의 주재료인 배추가 여름에는 **폭염**, 겨울에는 눈과 추위로 잘 자라지 못했어요. 그래서 배추 가격이 작년보다 15.6%, 김치 가격은 20.7%나 상승했어요. 국내에서 김치를 만드는 데 드는 비용이 늘어나자, 값이 저렴한 중국산 김치 수입이 증가했어요. 실제로 우리나라 식당에서 쓰는 김치 대부분이 중국산이에요.

그런데 이렇게 김칫값이 오르면서 또 다른 문제가 생겼어요. 우리나라에서 김치를 **수출**하는 양보다 수입하는 양이 더 많아지면서 무역 적자가 발생한 거예요. 작년 한 해 동안 김치 수출액은 약 1억 6,357만 달러로 역대 최고였지만, 수입액은 1억 8,986만 달러로 더 많았어요. 결국 김치로 번 돈보다 나간 돈이 더 많아진 거죠. 이런 무역 적자는 벌써 3년째 이어지고 있어요.

김치는 우리나라를 대표하는 음식이에요. 앞으로는 우리 땅에서 건강하게 배추를 잘 키우는 방법을 더 연구하고, 김치 수입에 너무 의존하지 않도록 여러 방안을 고민해야 해요.

 어휘 쏙쏙

- **수입**: 다른 나라에서 물건이나 기술을 들여와 국내에서 사용하는 것.
- **폭염**: 매우 심하고 오랫동안 지속되는 더위.
- **수출**: 우리나라에서 만든 물건이나 기술을 다른 나라로 보내어 판매하는 것.

The 똑똑하게 신문 읽기

김치 수입이 늘어난 이유는 무엇인가요?

 쏙쏙 경제 심화 학습

무역에 대해 알고 싶어요

무역은 나라와 나라가 물건을 사고파는 일이에요. 우리가 만든 물건을 외국에 팔면 외화를 벌고, 이는 나라의 재산이 되거나 다시 수출할 물건을 만드는 투자금이 돼요.
하지만 석유처럼 우리나라에서 나지 않는 자원이나 부족한 물건들은 외국에서 사야 해요. 이때는 우리 돈이 외국으로 나가게 돼요. 물건을 사고파는 과정에서 수출이 수입보다 많으면 무역 흑자, 반대면 무역 적자라고 해요.

 메타인지가 쏙쏙

다음 괄호 안에 들어갈 알맞은 말을 적어 보세요.

① 다른 나라로부터 상품을 사들이는 것을 (　　　), 다른 나라에 파는 것을 (　　　)이라고 해요.

② 나라와 나라가 물건을 사고파는 것을 (　　　)이라고 해요.

③ 수출액보다 수입액이 더 많아 돈이 더 나간 상태를 (　　　)라고 해요.

정답: ① 수입, 수출 ② 무역 ③ 무역 적자

돈을 아끼고 모으는 법, 이제 학교에서 배워요

출처: 셔터스톡

여러분은 돈에 대해 공부해 본 적이 있나요? 부자가 되고 싶다고 생각한 적은 있지만, 돈을 어떻게 쓰고, 모으고, 아껴야 하는지 궁금했던 적도 있을 거예요. 2026년부터는 우리나라 교육 역사상 처음으로 고등학교에 '**금융**과 경제생활'이라는 과목이 새로 생겨요. 이 과목은 학생들이 직접 선택해 들을 수 있답니다.

이 소식은 '전국 투자자 교육 협의회' 행사에서도 소개됐어요. 서유석 의장은 지난 20년간 다양한 연령층에 필요한 금융 교육을 해왔다며, 2026년 시작될 '금융과 경제생활' 수업이 학생들의 금융 **역량**을 높이고 책임 있는 투자자로 성장하는 데 도움이 되길 기대한다고 말했어요. 또한 모든 계층과 세대가 공평하게 금융 기회를 누릴 수 있도록, **적재적소**에 맞는 금융 교육을 꾸준히 제공하겠다고 덧붙였어요.

'금융과 경제생활' 수업이 시작되면 더 많은 학생이 돈과 금융에 대해 제대로 배울 수 있게 될 거예요. 어릴 때부터 올바르게 돈을 다루는 법을 배우는 건 정말 중요해요. 현명하게 아끼고, 잘 쓰고, 똑똑하게 투자하는 법을 배우면 우리도 미래의 멋진 경제인이 될 수 있어요.

어휘 쏙쏙

- **금융**: 경제에서, 자금(돈)의 수요와 공급에 관계되는 활동.
- **역량**: 어떤 일을 해낼 수 있는 힘이나 능력.
- **적재적소**: 어떤 일을 맡기기에 알맞은 재능을 가진 사람을 알맞은 자리에 씀.

The 똑똑하게 신문 읽기

2026년부터 고등학교에 새로 생기는 과목의 이름은 무엇인가요?

 쏙쏙 경제 심화 학습

'투자'란 무엇인가요?

투자는 지금 가진 돈, 시간, 노력을 사용해 미래에 더 많은 돈이나 좋은 결과를 얻으려는 활동이에요. 씨앗을 심어 나중에 더 큰 열매를 얻는 것과 비슷하죠.

예를 들어, 은행에 돈을 넣어 이자를 받거나 회사 주식을 사서 회사가 성장하면 이익을 얻을 수 있어요. 그리고 공부나 책 읽기처럼 자기 자신에게 투자해 미래를 준비하는 방법도 있어요.

투자에는 기회와 함께 위험도 있어요. 잘하면 큰 이익을 얻지만, 잘못하면 손해를 볼 수 있으니 신중하게 계획해야 해요.

출처: 셔터스톡

 메타인지가 쑥쑥

다음 중 어떤 투자가 더 가치있다고 판단하는지 선택하고 그 이유를 적어 보세요.

선택 A 무형 투자	선택 B 유형 투자
코딩 학원을 3개월 다닌다.	학원비를 은행에 넣어 이자를 받는다
선택의 이유	

Part 1. 나

007
현금은 줄고, 카드와 디지털 화폐가 주인공이 되는 시대

요즘은 신용카드나 휴대전화 간편결제를 쓰는 사람이 많아지면서 현금 사용이 빠르게 줄고 있어요. 한국은행에 따르면, 작년 현금 사용 비율은 15.9%였어요. 10년 전만 해도 10번 중 4번은 현금을 썼지만, 이제는 1~2번 정도만 사용해요.

출처: 셔터스톡

가장 많이 쓰는 결제 수단은 신용카드(46.2%), 그다음이 체크카드(16.4%), 휴대전화 결제(12.9%) 순이었어요. 나이대에 따라 쓰는 방식도 달랐는데, 20대는 체크카드를, 30~50대는 신용카드를 주로 썼어요. 반면 휴대전화 결제가 익숙하지 않거나 신용카드를 선호하지 않는 60세 이상 어르신들은 여전히 현금을 많이 쓰고 있어요.

한국은행은 이런 변화의 이유로 정부의 신용카드 장려 정책과 신용카드 결제를 거절할 수 없게 한 '여신전문금융업법'의 영향을 들었어요. 현금 사용이 줄면서 ATM도 감소해서, 2020년 8,773대에서 2023년 8,097대로 줄었어요.

또 하나 주목할 점은 **디지털 화폐**의 등장이에요. 한국은행은 중앙은행 디지털 화폐를 실험 중이고, '**스테이블코인**'이라는 **가상화폐** 시장도 커지고 있어요. 스테이블코인은 기존 가상화폐보다 가치가 더 안정적이라 사람들이 더 쉽게 거래나 결제에 활용할 수 있어요. 하지만 한국은행은 디지털 화폐는 전기나 통신이 끊기면 작동하지 않을 수 있고, 기술에 익숙하지 않은 사람들을 위해 현금은 꼭 필요하다면서 실물화폐를 없앨 계획은 없다고 강조했어요.

 어휘 쏙쏙

- **디지털 화폐**: 금전적 가치를 전자적 형태로 저장해 거래할 수 있는 통화.
- **스테이블코인**: 달러·금 등 자산 가치에 연동해 가격 변동을 줄인 가상화폐.
- **가상화폐**: 지폐나 동전과 같은 실물이 없이 네트워크로 연결된 특정한 가상 공간에서 전자적 형태로 사용되는 디지털 화폐.

The 똑똑하게 신문 읽기

우리나라의 현금 사용도가 낮은 이유는 무엇인가요?

 쏙쏙 경제 심화 학습

디지털 격차가 무엇인가요?

디지털 격차(Digital Divide)는 컴퓨터와 인터넷 같은 디지털 기술을 얼마나 잘 활용하느냐에 따라 생기는 차이를 말해요.

예를 들어, 키오스크 앞에서 주문을 어려워하는 어르신 모습에서 디지털 격차를 느낄 수 있지요. 어르신들은 젊은 세대보다 스마트폰이나 모바일 결제에 익숙하지 않아 현금을 선호하는 경우가 많아요. 단순히 결제 방식이 다른 게 아니라, 기술을 다루는 능력 차이 때문이에요.

디지털 격차는 단순한 기술 문제가 아니라 사회적 불평등의 한 모습이에요. 이를 해결하려면 기기를 나눠주는 것만으로는 부족하고, 교육과 제도적 지원이 함께 이루어져야 해요. 특히 어르신, 농촌 주민, 저소득층, 장애인 등에게는 맞춤형 지원이 필요해요.

메타인지가 쏙쏙

디지털 화폐가 보편화되면 좋은 점과 불편한 점을 각각 적어 보세요.

좋은 점	불편한 점

Part 1. 나　29

008
아직 출시도 안 된 게임기가 두 배 가격에 팔린다고요?

일본에서 아직 정식 판매되지 않은 게임기 '닌텐도 스위치2'가 인터넷에서 높은 가격에 거래되고 있어요. 일본 니혼게이자이 신문은 5월 18일, 닌텐도 스위치2가 온라인 사이트에서 **정가**의 두 배가 넘는 값에 팔리고 있다고 전했어요. 정가는 4만 9,980

출처: 닌텐도 코리아

엔(약 48만 원)이지만, 일부 판매자들은 이를 12만 8,000엔(약 123만 원)에 되팔고 있지요.

이런 현상은 출시 전에 추첨으로 먼저 구입한 사람들이 더 큰 이익을 얻으려고 비싼 값에 인터넷에 올리기 때문에 생겨요. 이렇게 정해진 가격보다 훨씬 비싸게 파는 것을 '**프리미엄**'이라고 해요. 이를 막기 위해 일본의 온라인 쇼핑몰들은 출시 전 제품의 판매를 금지하고, 정가보다 비싸게 팔면 계정을 정지하거나 판매를 막을 것이라고 했어요.

하지만 일본에서는 게임기 같은 상품을 되파는 걸 법으로 막기 어려워요. 현재 법으로 금지하는 되팔기는 유료 콘서트 티켓 등 일부 품목뿐이에요. 과거에도 인기 있는 게임기가 나올 때마다 이런 현상은 반복됐어요.

게임기 회사와 온라인 쇼핑몰은 더 많은 사람이 공정하게 제품을 살 수 있도록 노력해야 해요. 소비자들도 되팔기가 시장의 **공정성**을 해칠 수 있다는 사실을 알고 올바른 소비문화를 갖는 것이 중요해요.

 어휘 쏙쏙

- **정가**: 처음 정해 놓은 상품의 원래 가격.
- **프리미엄**: 정가에 돈을 더 얹어서 파는 금액.
- **공정성**: 누구에게나 똑같이 공평하고 바른 성질.

The 똑똑하게 신문 읽기

일본에서 아직 출시되지 않은 게임기가 비싼 값에 거래되는 이유는 무엇일까요?

쏙쏙 경제 심화 학습

리셀은 희소성 때문에 생겨나는 시장 현상

인기 있는 물건이 빨리 품절되면 어떤 사람들은 그 물건을 먼저 사두었다가, 나중에 더 비싼 값에 다른 사람들에게 다시 팔아요. 이렇게 이미 산 물건을 다른 사람에게 되파는 일을 리셀(Resell)이라고 해요.

왜 이런 일이 생길까요? 세상에 있는 물건이나 자원은 무한히 있는 게 아니에요. 사람들이 갖고 싶어 하는 건 많지만, 모든 사람이 다 가질 만큼 충분하지 않을 때가 많아요. 이렇게 필요한 것에 비해 물건이나 자원이 부족한 상태를 희소성이라고 해요. 리셀은 바로 이런 희소성 때문에 생겨나는 시장 현상이에요.

메타인지가 쏙쏙

아래 괄호 안에 들어갈 알맞은 단어를 채워 보세요.

① 원하는 사람이 많지만, 물건이나 자원이 부족한 상태를 (　　　　)이라고 해요.

② 그 물건을 먼저 산 사람이 나중에 다른 사람에게 (　　　　) 팔 수 있어요.

③ 이 행위를 우리는 (　　　　)이라고 해요.

정답: ① 희소성 ② 비싸게 ③ 리셀

진짜처럼 보이지만 거짓일 수도 있는 가짜뉴스

요즘은 날씨나 경제 소식을 TV나 신문보다 SNS에서 먼저 보는 경우가 많아요. 그런데 SNS에는 겉보기에는 진짜 같지만, 사실은 **출처**가 불분명하고 근거도 없는 **가짜뉴스**도 많아요. 가짜뉴스는 진짜 뉴스처럼 꾸민 거짓 정보예요.

출처: 셔터스톡

그냥 틀린 정보에서 끝나는 게 아니라, 사람들의 경제적 선택을 잘못 이끌거나, 금융 시장을 흔들어서 돈을 벌려는 나쁜 목적을 가진 경우도 있답니다.

이런 가짜뉴스는 사람들이 정확한 정보를 모두 똑같이 알지 못하는 상황(**정보 비대칭**)을 이용해서, 불안한 마음을 자극하고 이익을 얻으려는 의도로 만들어지는 경우가 많아요. 가짜뉴스에 속지 않으려면 정보의 출처를 꼭 확인해야 해요. 믿을 만한 언론사나 공식 기관에서 나온 내용인지 누가 쓴 건지 분명한지 살펴봐야 해요. 또 여러 매체에서 같은 내용을 보도하는지도 비교해 보면 좋아요. 특히 너무 충격적이거나 믿기 어려운 내용일수록, 한 번 더 확인하는 습관이 필요해요.

가짜뉴스는 잘못된 정보를 퍼뜨려 사람들 사이에 오해와 불신을 키우고, 사회 전체에 나쁜 영향을 줘요. 그래서 우리 모두가 올바른 정보에 기반해 행동할 수 있도록 노력해야 해요. 전문가들은 가짜뉴스의 피해가 크기 때문에, 정확한 정보를 찾고 검증하는 습관이 꼭 필요하다고 말해요.

어휘 쏙쏙

- **출처**: 어떤 물건이나 말이 왜, 어디에서 생겼는지를 알려주는 이유나 바탕.
- **가짜뉴스**: 언론 보도의 형식을 띠고 마치 사실인 것처럼 유포되는 거짓 뉴스.
- **정보 비대칭**: 필요한 정보가 사람들에게 고르게 전달되지 않는 상태.

The 똑똑하게 신문 읽기

가짜 뉴스에 속지 않으려면 어떻게 해야 할까요?

쏙쏙 경제 심화 학습

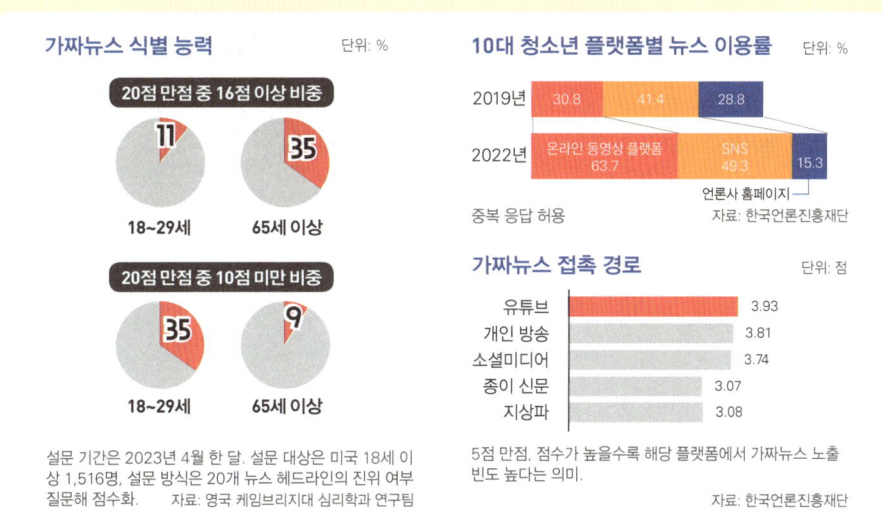

조사에 따르면 18~29세 젊은 층의 가짜뉴스 구별 능력은 65세 이상 어르신보다 낮았어요. 20점 만점 시험에서 16점 이상 맞은 사람은 젊은 층이 11%였지만 어르신은 35%였지요. 또 10대 청소년들은 온라인 동영상 플랫폼(63.7%)과 SNS(49.3%)로 뉴스를 보는 경우가 많았고, 언론사 홈페이지 직접 방문은 15.3%에 그쳤어요. 가짜뉴스는 주로 유튜브, 개인 방송, 소셜미디어에서 접해, 편하게 뉴스를 보지만 노출 위험도 커지고 있어요.

메타인지가 쏙쏙

친구가 'SNS에서 OO 브랜드 제품에 유해 물질이 나왔대!'라고 말했어요. 이 말을 바로 믿기 전에, 먼저 무엇을 해야 할까요?

① 그 제품을 당장 버리고 주변 사람에게도 버리라고 한다
② SNS에 같은 내용을 올려 더 많은 사람들에게 알린다
③ 해당 브랜드 매장을 찾아가 항의한다
④ 뉴스의 출처를 확인하고, 공식 기관이나 여러 언론사 보도를 찾아본다

정답: ④

우리나라 학생 3명 중 1명은 잠이 부족해요

우리나라 학생 3명 중 1명은 잠이 부족하다고 해요. 한국보건사회연구원의 조사에 따르면, 18세 미만 아동 중 평균 수면 시간은 7.9시간이었어요. '충분히 잔다'라고 답한 학생은 65.1%였지만, '그저 그렇다'(22%), '충분하지 않다'(10.8%), '전혀 충분하지 않다'(2.1%)처럼 부정적인 대답이 34.9%나 됐어요.

출처: 셔터스톡

대한수면학회에 따르면 미국수면재단이 **권장**하는 수면 시간은 6~13세 기준 9~11시간, 14~17세 기준 8~10시간이에요. 아이들이 충분히 자지 못하는 이유로는 60%가 학업과 연관이 있었어요. 우선 '학원·과외'가 34.3%로 1위였고, 그다음은 SNS·채팅(15.5%), 가정학습(15.2%), 게임(14.1%), 야간 자율학습(10.8%), 드라마·영화·음악(5.1%) 순이었어요.

전문가들은 잠이 부족하면 피곤할 뿐 아니라, 성장기 아동의 뇌 발달과 면역 기능에도 부정적인 영향을 줄 수 있다고 지적해요. 장기적으로는 비만, 우울감, **대인관계** 어려움 등 건강 **전반**에 걸친 문제를 유발할 위험이 높아져요.

이를 예방하려면 생활 리듬을 규칙적으로 유지하고 늦은 시간대에는 학습이나 미디어 사용을 자제하는 것이 좋아요. 또 학교나 지역에서 수면 교육과 상담을 해 주면, 아이들이 스스로 잠의 중요성을 알고 잘 지킬 수 있어요.

어휘 쏙쏙

- **권장**: 어떤 일을 하거나 지키면 좋다고 알리고, 그렇게 하라고 권하는 것.
- **대인관계**: 다른 사람과 맺는 사회적 관계. 친구, 가족, 동료 등과의 상호작용.
- **전반**: 어떤 일이나 상황 전체를 모두 포함한 것.

The 똑똑하게 신문 읽기

우리나라 학생들이 충분한 수면을 취하지 못하는 주된 이유는 무엇인가요?

쏙쏙 경제 심화 학습

잠 못자는 대한민국? 국민 60%가 수면 문제 경험

구분	대한민국	글로벌 기준(OECD)
평균 수면 시간	6시간 58분	8시간 27분
매일 숙면 비율	7%	13%
전문가 도움 경험	25%	50%
숙면 방해 1위 요인	심리적 스트레스(62.5%)	신체적 피로(49.8%)

자료: 통계청

대한수면연구학회의 〈2024년 한국인의 수면 실태〉 보고서에 따르면, 한국인의 평균 수면 시간은 6시간 58분으로 OECD 평균보다 18% 부족했어요. 매일 숙면을 취하는 비율은 7%로, 글로벌 평균(13%)의 절반 수준이었어요. 수면 부족이나 불면증 등 문제를 겪는 사람도 전체 응답자의 약 60%에 달했어요. 전문가들은 이런 수면 부족이 피로와 집중력 저하뿐 아니라, 정신 건강과 심혈관 질환·비만 등의 위험을 높일 수 있다고 경고했어요.

메타인지가 쏙쏙

다음 중 학생들이 충분한 수면을 취하는 데 가장 도움이 되는 것은 무엇일까요?
① 야간 자율 학습 시간을 늘린다
② 취침 전 친구와 게임 약속을 잡는다
③ 취침 전 SNS 게시물을 모두 확인한다
④ 취침 전 전자기기 사용을 줄인다

정답: ④

노담·노술이지만, 숏폼 영상은 멈추기 힘들어요

지난해 중·고등학생 중 최근 한 달간 술을 마신 학생은 12.1%, 담배를 피운 학생은 2.4%로 예전보다 줄었어요. 이런 전통적인 **유해** 행동은 감소했지만, 대신 새로운 위험 요인으로 숏폼 중독이 떠오르고 있어요. 숏폼은 화면 전환이 빠르고 자극적인 콘텐츠가 많아 TV보다 훨씬 자주 보게 되며, 특히 나이가 어릴수록 이용률이 높아요. 초등학생의 88.9%가 숏폼을 본다는 조사 결과도 나왔어요.

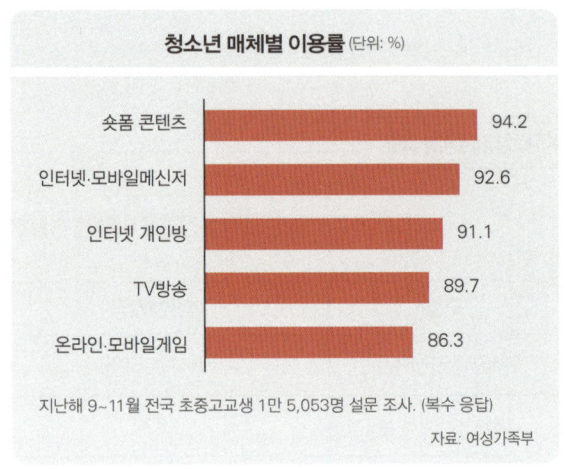

숏폼 확산에는 스마트폰 보급과 틱톡·유튜브 쇼츠·인스타그램 릴스 같은 플랫폼 인기 **확산**이 있어요. 짧은 시간에 웃음·정보·감동을 모두 주는 '한입 크기' 콘텐츠가 바쁜 생활 패턴과 잘 맞아 어린 이용자들도 쉽게 접근하게 됐어요.

정부는 어린 나이의 과도한 미디어 사용을 막기 위해 초등학교 1학년도 참여할 수 있는 '미디어 **과의존** 치유 캠프'를 운영하고 있어요. 이곳에서는 스마트폰·영상 사용 습관을 조절하고, 대면·신체 활동을 늘리는 프로그램을 제공해요. 전문가들은 숏폼이 짧고 강한 자극으로 뇌를 몰입시키지만, 과도하면 집중력 저하·수면 부족·즉각 보상 의존을 유발할 수 있다고 경고해요. 특히 쉬는 시간마다 무심코 보는 '습관성 시청'은 긴 호흡의 학습이나 독서를 어렵게 할 수 있어 주의가 필요해요.

어휘 쏙쏙

- **유해**: 몸이나 마음, 환경 등에 해를 끼치는 것.
- **확산**: 어떤 현상이나 영향, 물질 등이 널리 퍼져 나가는 것.
- **과의존**: 어떤 것에 지나치게 의지하거나 많이 사용하는 상태.

The 똑똑하게 신문 읽기

우리나라 청소년 중 '숏폼'을 본다고 응답한 비율은 몇 %인가요?

 쏙쏙 경제 심화 학습

팡팡 터져야 즐거운 뇌, 팝콘브레인

스마트폰, 숏폼(짧은 동영상), 게임 같은 빠르게 변하는 자극에 계속 노출되면서 뇌가 그 속도와 강한 자극에 익숙해지는 현상을 말해요. 마치 팝콘이 튀듯 눈앞에서 자극이 계속 '팡팡' 터져야 흥미를 느끼고, 그렇지 않은 상황(책 읽기, 수업 듣기, 대화 등)에서는 지루함을 빨리 느끼게 돼요.

 **메타인지가 쑥쑥**

나는 숏폼을 얼마나 자주 보고 있나요? 나의 미디어 생활에 대해 적어 보세요.

내가 하루에 스마트폰을 사용하는 시간	숏폼 등 SNS 활동에 사용하는 시간

앞으로 스마트폰을 어떻게 이용할 것인지 다짐을 적어 보세요

012
비만은 줄었으나 시력 저하와 충치는 늘고 있어요

우리나라 초·중·고 **비만군**(과체중·비만) 학생 비율이 3년 연속 감소한 것으로 나타났어요. 지난해 비만군 비율은 29.3%로 전년(29.6%)보다 0.3% 줄었으며, 2021년 30.8%를 기록한 이후 꾸준히 감소세를 이어가고 있어요. 지역별로는 읍·면 지역이

출처: 셔터스톡

33.1%로 도시(28.6%)보다 여전히 높았지만, 격차는 전년 5.7%에서 4.5%로 줄었어요.

하지만 비만 감소와 달리 시력 이상과 충치 비율은 오히려 증가했어요. 시력 이상 학생은 전체의 57.04%로 전년 대비 1.05% 늘었고, 충치가 있는 학생 비율도 18.70%로 1.43% 상승했어요. 전문가들은 스마트폰, 태블릿, PC 등 디지털 기기를 오래 사용하고 근거리에서 화면을 보는 습관이 시력 **저하**의 주요 원인이라고 설명해요. 그리고 당분이 많은 간식과 음료를 자주 먹고 양치를 소홀히 하는 생활 습관이 충치 증가에 영향을 미쳤다고 보고 있어요.

시력 저하는 학습 효율 저하와 눈 피로를, 충치는 성장기 영양 섭취와 발음에 영향을 줘요. 비만은 줄었지만 디지털 기기 중심 생활로 다른 건강 지표가 악화되는 '**건강 불균형**'이 나타난 셈이에요. 이에 교육부와 전문가들은 비만뿐 아니라 시력·구강 건강까지 관리하는 학교 보건교육 강화, 야외 활동 확대, 하루 세 번 양치, 스마트폰 사용 줄이기 등 가정과 학교의 생활 습관 개선 노력을 강조해요.

어휘 쏙쏙

- **비만군**: 키에 비해 몸무게가 많이 나가서 과체중, 비만에 해당되는 사람들을 묶어 부르는 말.
- **저하**: 어떤 능력이나 상태가 이전보다 떨어지는 것.
- **건강 불균형**: 몸의 여러 건강 상태가 고르게 유지되지 못하고 한쪽으로 치우친 상태.

The 똑똑하게 신문 읽기

청소년의 시력이 저하 된 원인과 충치가 늘어난 원인으로 꼽히는 것을 각각 적어 보세요.

시력 저하 원인:

충치가 늘어난 원인:

 쏙쏙 경제 심화 학습

달콤한 간식의 결말은 충치?

최근 몇 년 사이 포켓몬빵, 탕후루, 젤리같이 달콤하고 화려한 간식이 큰 인기를 끌고 있어요. 편의점 디저트 경쟁과 SNS 인증 문화가 맞물리면서 어린이와 청소년이 이런 간식을 자주 찾게 됐죠. 하지만 당분이 많은 음식은 입속 세균이 산을 만들어 치아를 손상시키니, 충치를 특히 조심해야 해요.

출처: 픽사베이

질병관리청의 2024년 조사에 따르면, 12세 아동의 60.3%가 충치를 겪었거나 치료받은 경험이 있었어요. 하루 2번 이상 충치를 유발할 수 있는 간식을 먹는 비율은 58.1%, 탄산음료 같은 산성 음료를 마시는 비율은 29.4%였어요. 예방을 위해서는 당분이 많은 간식과 음료를 줄이고, 간식 후 양치나 물로 헹구는 습관이 필요해요. 하루 세 번 양치, 정기 치과 검진, 채소·과일 중심 간식으로 바꾸는 것도 좋아요.

 메타인지가 쏙쏙

내가 좋아하는 간식에는 당분이 얼마나 들어 있을까요? 식품의 성분표 또는 음식 이름으로 검색해서 당분의 양을 적어 보세요.

식품 / 음식명	당분(g)

* 식품 포장지의 성분표를 살펴보거나, 온라인 검색 사이트에 '식품 / 음식명 + 당분' 등으로 검색

함부로 맞으면 위험한 성장호르몬 주사

키가 더 크고 싶어 **성장호르몬** 주사를 맞으려는 어린이와 청소년이 많아요. 하지만 이 주사는 키가 잘 자라지 않는 특별한 경우에만, 의사가 진단해 치료 목적으로 쓰는 약이에요. 함부로 맞으면 손발이나 얼굴이 커지거나 호르몬 이상이 생기고, 주사 부위 통증이나 출혈이 있을 수 있어요. 심하면 **성장판**이 닫혀 키가 멈추거나 심장·장기에 무리가 갈 수도 있지요.

요즘은 병원에 가지 않고 친구나 주변 **권유**로 맞는 경우도 늘고 있는데, 검진 없이 맞으면 숨겨진 병이 더 심해질 수 있어요. 그래서 반드시 의사의 진단과 검사를 거쳐, 필요할 때만 안전하게 맞아야 해요.

성장호르몬 주사 시장은 빠르게 커지고 있어요. 우리나라 시장은 2019년 1,455억 원에서 2023년 2,775억 원으로 약 2배 커졌고, 전 세계 시장도 2030년에는 약 9조 원까지 늘어날 것으로 예상돼요. 이렇게 수요가 많아질수록 광고나 권유에 휩쓸릴 위험도 커지니 조심해야 해요.

키가 크고 싶다면 약보다 건강한 생활 습관이 먼저예요. 규칙적으로 운동하고, 영양 있는 식사를 하고, 충분히 자는 것이 몸을 건강하게 키우는 기본이에요. 약은 꼭 필요한 사람만, 올바른 방법으로 써야 하고, 그 전에 생활 습관부터 점검하는 게 가장 중요해요.

어휘 쏙쏙

- **성장호르몬**: 우리 몸이 자라도록 도와주는 호르몬으로, 뼈와 근육의 발달에 중요한 역할을 함.
- **성장판**: 뼈의 양쪽 끝부분에 있는, 뼈가 길어지게 하는 부위.
- **권유**: 어떤 일을 하도록 부드럽게 권하고 이끄는 것.

 **The 똑똑하게 신문 읽기**

왜 어린이나 청소년이 함부로 성장호르몬 주사를 맞으면 안 될까요?

 쏙쏙 경제 심화 학습

키가 쑥쑥 크는 주사, 안전할까요?

최근 5년간(2019~2024) 성장호르몬 주사 관련 중대 이상 사례 보고 건수

연도		2019	2020	2021	2022	2023	2024.6	합계
전체 이상 사례(A)		436	660	1,189	1,603	1,626	762	6,276
중대 이상 사례 (B)	건	33	9	32	37	113	81	305
	비율 (A/B)	7.5%	1.3%	2.6%	2.3%	6.9%	10.6%	4.8%

자료: 식품의약품안전처

국내 성장호르몬 주사 시장은 2019년보다 4년 만에 약 2배 성장했어요. 나의 아이를 더 크게 키우고 싶어 하는 부모의 마음, 키를 중시하는 사회 분위기, 그리고 관련 치료 기술 발달이 맞물리면서 수요가 늘고 있어요.
하지만 치료가 꼭 필요한 경우가 아닌데도 사용하는 사례가 늘어, 부작용과 오남용에 대한 주의가 필요해요.

 메타인지가 쑥쑥

다음 중 어린이나 청소년이 함부로 성장호르몬 주사를 맞으면 안 되는 이유가 아닌 것은 무엇일까요?

① 손이나 발, 얼굴이 더 커질 수 있다
② 심하면 뼈가 더 이상 길어지지 않을 수 있다
③ 심장이나 다른 장기가 힘들어질 수 있다
④ 주사를 맞으면 무조건 키가 크게 자란다

정답: ④

Part 1. 나

Part 2

우리

001 노쇼로 남은 밥버거 100개, 무료로 나눈 착한 사장님

서울 강서구의 한 분식집에서 밥버거 100개를 주문한 손님이 약속한 시간에 오지 않는 '노쇼' 사건이 있었어요. 사장님은 이미 만든 음식을 버리지 않기 위해 근처 주민들에게 무료로 나눠주었어요. 밥버거 한 개는 3,500원이어서 100개면 재료비와 인건비 등 큰 손해가 난 상황이었어요.

이 일은 인터넷과 중고거래 앱을 통해 퍼지며 많은 사람들이 화를 냈고 '노쇼는 꼭 처벌해야 한다'라는 목소리도 커졌어요. 경찰은 이 사건을 수사하고 있어요.

한 변호사는 라디오 인터뷰에서 이렇게 말했어요. 사기죄는 다른 사람을 속여 재산상 이익을 얻었을 때 성립하는데, 노쇼는 예약자가 이익을 취한 것이 아니므로 사기죄로 처벌하기는 어렵다고 했어요. 또한 **업무방해죄**를 적용하려면 가게 영업을 방해하려는 '고의'가 있어야 한다고 설명했어요. 예를 들어 실제로 단체 행사가 예정돼 있었는지, 주문량이 꼭 필요했는지, 가짜 연락처를 썼는지 등 여러 상황을 종합해 고의 여부를 판단한다는 거예요.

변호사는 또 예약도 계약의 한 종류이기 때문에 예약 후 연락 없이 나타나지 않으면 **손해배상** 책임이 생길 수 있다고 강조했어요. 손해배상에는 음식 재료비와 인건비뿐 아니라, 예약 때문에 다른 손님을 받지 못해 생긴 영업 손실도 포함될 수 있다고 덧붙였어요.

 어휘 쏙쏙

- **노쇼(예약 불이행)**: 예약을 해 놓고 미리 취소 연락도 없이 약속 장소에 가지 않는 것.
- **업무방해죄**: 다른 사람이나 회사가 일을 제대로 하지 못하게 방해하는 것.
- **손해배상**: 다른 사람에게 피해를 줬을 때, 그 피해만큼 돈이나 다른 방법으로 갚아주는 것.

The 똑똑하게 신문 읽기

왜 '노쇼'는 가게 사장님에게 큰 피해를 줄까요?

쏙쏙 경제 심화 학습

노쇼 사기가 4개월 만에 7배나 늘었어요!

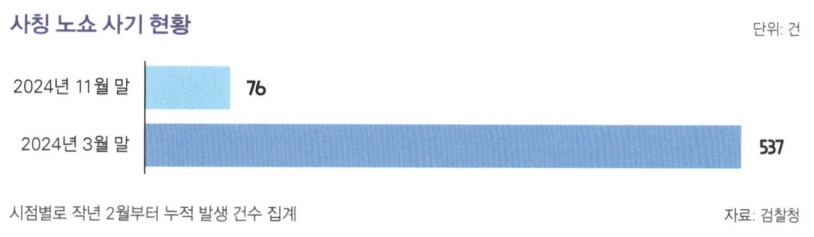

사칭 노쇼 사기 현황 (단위: 건)
- 2024년 11월 말: 76
- 2024년 3월 말: 537

시점별로 작년 2월부터 누적 발생 건수 집계
자료: 검찰청

불과 4개월 만에 노쇼 사기 피해 상담 건수가 약 7배나 늘었어요. 이는 단순한 예약 취소뿐 아니라, 손해를 입히기 위해 일부러 속이는 사기성 예약이 크게 증가했다는 뜻이에요. 특히 피해 금액이 큰 단체 주문이나 행사 예약에서 피해가 많이 발생하는 것으로 보여요. 이런 피해를 막기 위해서는 선입금 제도, 예약금 정책, 신원 확인 강화 같은 대책이 꼭 필요해요. 그리고 업주와 소비자 모두의 인식 변화도 중요하지요.

메타인지가 쑥쑥

한 분식집 사장님은 단체 손님의 예약을 믿고 재료비 15만 원과 인건비 5만 원을 썼어요. 그런데 손님이 연락 없이 나타나지 않는 '노쇼'가 발생했어요. 예약이 이미 차 있어서 다른 손님도 받을 수 없어 영업 손실 10만 원이 생겼어요. 이 가게의 총손해액은 얼마일까요?

① 200,000원
② 250,000원
③ 300,000원
④ 350,000원

ⓒ 윤달

여행 갔다가 깜짝! 제주도 바가지요금 이야기

출처: 픽사베이

제주도가 '가성비 높은 제주 관광 만들기' 프로젝트를 시작했어요. 가성비란 가격 대비 만족도를 뜻하는 말이에요. 제주도가 '바가지 관광지'라는 이미지를 벗고, 다시 사람들이 찾고 싶은 곳으로 거듭나는 것이 목표예요.

가장 먼저 바꾸려는 건 **성수기**마다 너무 많이 오르는 렌터카 요금이에요. 지금은 업체들이 정해진 상한선 안에서 자유롭게 요금을 정할 수 있어요. 그 때문에 성수기에는 같은 차를 빌리는 데도 요금이 10배 넘게 오르는 일도 있었어요. 4월에는 하루 5만 원이면 빌렸던 차를 5월에는 50만 원까지 뻥튀기된 경우도 있었다고 해요.

불만을 가진 여행객들의 민원이 계속되자, 제주도는 렌터카 요금 **산정** 방식을 다시 정비하겠다고 밝혔어요. 앞으로는 업체가 재무 자료를 제출하도록 하고, 성수기와 비수기 요금 차이가 지나치지 않도록 관련 규칙도 바꿀 예정이에요.

다만 요금 개선 전까지는 여행객들이 불편을 겪을 수밖에 없을 것으로 보여요. 제주도는 렌터카 외에도 숙박, 음식점, 해수욕장, 골프장 등 여러 관광 분야에서 **바가지요금**을 줄이기 위한 대책도 함께 준비 중이에요.

 어휘 쏙쏙

- **성수기**: 사람들이 여행을 많이 가는 특별한 시기로, 수요가 많아져 요금이 일시적으로 올라가는 때.
- **산정**: 수량이나 값을 계산해서 정하는 것.
- **바가지요금**: 물건이나 서비스를 파는 사람이 정당한 이유 없이 지나치게 비싼 가격을 받는 것.

The 똑똑하게 신문 읽기

'가성비 높은 제주 관광 만들기' 프로젝트는 어떤 문제를 해결하기 위해 시작됐나요?

쏙쏙 경제 심화 학습

여행으로 줄줄 새는 우리나라 돈

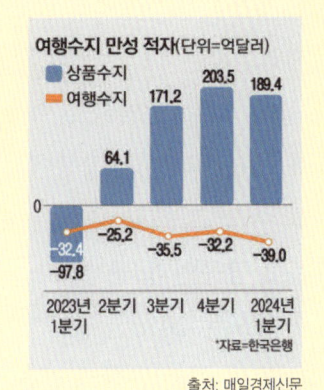

우리나라는 물건(상품)을 팔아서 잘 벌고 있지만, 사람들이 해외여행에서 쓰는 돈이 많아서 여행 관련 수입은 적자가 계속되고 있어요. 그래서 외국인 관광객을 많이 유치하고, 우리 국민도 국내 여행을 더 많이 할 수 있게 하면 경제에도 좋은 영향을 줄 수 있어요.

상품수지: 우리나라가 수출로 벌고, 수입으로 쓰는 돈의 차이.

여행수지: 우리나라 사람들이 해외에서 쓰는 돈과 외국인이 한국에서 쓰는 돈의 차이

출처: 매일경제신문

메타인지가 쏙쏙

여행을 가고 싶은 나는 언제 떠나는 게 좋을까? 기회비용(어떤 선택을 한 결과 그로 인하여 포기된 이익)을 생각해 보자.

항목	성수기(여름방학, 연휴)	비수기(평일, 학기 중)
항공권	45만 원	15만 원
렌터카	하루 25만 원	하루 5만원
숙박비	1박 30만 원	1박 15만 원
음식	혼잡 + 대기 많음	여유롭게 빠름
기회비용	비싼 가격, 여유로운 시간	휴가 낼 수 없는 가족은 같이 못 감

나는 (성수기 / 비수기)에 여행을 가고 싶어요.

왜냐하면 _____

그리고 내가 포기하게 되는 기회비용은 _____ 예요.

우리 지역에서만 쓸 수 있는 특별한 지역화폐

이재명 대통령은 새 정부를 시작하며, **침체**된 우리나라 경제를 돕기 위해 '**민생**회복 소비쿠폰'을 지역화폐로 지급하기로 했어요.

지역화폐는 내가 사는 지역에서만 쓸 수 있는 특별한 돈이에요. 대형마트나 온라인 쇼핑몰에서는 사

출처: 매일경제신문

용할 수 없고, 대신 우리 동네 가게나 시장에서만 쓸 수 있죠. 그래서 동네에서 장사하는 **소상공인**과 자영업자들에게 큰 도움이 돼요.

이 제도는 2016년 성남시에서 처음 시작됐고, 인기가 점점 늘어나 2024년에는 규모가 무려 17조 원까지 커졌어요. 요즘은 종이 대신 카드나 휴대폰 앱으로도 쓸 수 있어 훨씬 편리해졌어요.

하지만 이렇게 커진 지역화폐를 두고 사람들의 생각은 갈려요. 지역화폐 도입에 찬성하는 쪽은 지역 안에서 돈이 돌면 소비가 늘어나고 동네 경제가 살아난다고 주장해요. 실제로 몇몇 연구 기관도 이런 효과를 인정했어요. 반대로 운영 과정에서 많은 세금이 들어가 정부와 지자체의 재정 부담이 커진다는 비판이 있어요. 또 일부 전문가는 지역화폐보다 직접 투자나 공공사업이 경제에 더 도움이 된다고 말해요.

이런 의견이 오가는 가운데, 지난 2025년 7월 21일부터 민생회복 소비쿠폰 신청이 시작됐어요. 신청하면 다음 날부터 지급되고 11월 30일까지 사용할 수 있어요.

어휘 쏙쏙

- **침체**: 경제나 상황이 멈춰 있거나 안 좋아져서 활기가 없는 상태.
- **민생**: 우리 주변의 보통 사람들이 먹고살며 생활하는 모습.
- **소상공인**: 동네 가게나 작은 회사를 운영하는 사람으로, 보통 일하는 사람이 5명 이하이고, 공장이나 건설·운송 일을 하는 경우에는 10명 이하인 곳.

The 똑똑하게 신문 읽기

지역화폐는 어디에서 쓸 수 있는 돈인가요?

 쏙쏙 경제 심화 학습

소상공인 절반 "소비쿠폰으로 매출·방문객 늘었어요"

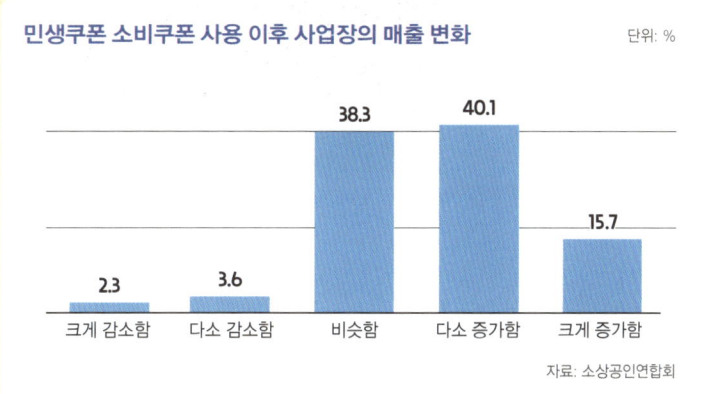

민생쿠폰 소비쿠폰 사용 이후 사업장의 매출 변화 (단위: %)

- 크게 감소함: 2.3
- 다소 감소함: 3.6
- 비슷함: 38.3
- 다소 증가함: 40.1
- 크게 증가함: 15.7

자료: 소상공인연합회

소상공인연합회 조사에 따르면 '민생회복 소비쿠폰' 시행 후 소상공인 절반(55.8%)이 매출이 늘었다고 답했어요. 업종별로는 도매업이 68.6%로 가장 높았고, 음식점·카페 등 식음료업이 52.6%로 뒤를 이었어요. 방문객도 51.8%의 사업장에서 증가했고, 그중 절반 이상은 방문객이 10~30%까지 늘었다고 답했어요.

소비쿠폰 정책에 만족한다는 응답은 70.3%였고, 향후 비슷한 정책이 필요하다고 답한 이들은 70.1%였어요. 개선 의견으로는 '골목상권에 집중되도록 사용처를 제한해야 한다', '쿠폰 금액을 높여야 한다' 순으로 많이 나왔어요.

 메타인지가 쑥쑥

다음 중 민생회복 소비쿠폰의 목적과 관련이 가장 먼 것은 무엇일까요?

① 동네 상권에서 소비를 늘려 지역 경제를 살리기 위해
② 소상공인과 자영업자를 돕기 위해
③ 전국 모든 대형 마트 매출을 높이기 위해
④ 전통시장과 골목상권 이용을 늘리기 위해

정답: ③

004 영끌해서 가게를 열었는데, 경쟁이 너무 치열해요

요즘 20~30대 젊은 사람들이 가게를 열었다가 얼마 지나지 않아 문을 닫는 일이 많아지고 있어요. '영혼까지 끌어모은다'라는 뜻의 '영끌'이라는 말처럼, **창업**할 때 대출까지 받아 가며 가게를 열지만, 결국 **폐업**하게 되는 이유는 크게 세 가지예요.

출처: 매일경제신문

첫째, 경쟁이 너무 치열해요. 요즘 인기 있는 카페나 예쁜 식당은 이미 가게가 많아 손님이 나눠지고 수입도 줄어 오래 버티기 어렵지요. 둘째, 자금이 부족해요. 가게를 열 때 인테리어, 재료, 월세 등 많은 돈이 드는데, 젊은 창업자는 충분한 자금을 준비하지 못해 장사가 조금만 힘들어도 버티기 어려워요. 셋째, 50~60대 어르신들 사이에서는 창업이 늘고 있어요. 은퇴 후 **생계**를 위해 시작하거나 무인 가게처럼 혼자 운영하기 쉬운 방식을 선택하기 때문이에요. 어르신들은 경제적으로 여유가 있고 경험도 많아 실패 확률이 낮아요.

실제로 작은 규모의 가게들은 매출이 줄어들고 있지만, 중간이나 큰 규모의 가게들은 오히려 매출이 늘고 있어요. 또 전체적으로 자영업을 하는 사람의 수도 점점 줄어드는 **추세**예요. 코로나19가 잠잠해지면서 한때 늘었던 숫자도 다시 줄고 있답니다.

어휘 쏙쏙

- **폐업**: 직업이나 영업을 그만둠.
- **창업**: 사업을 처음으로 시작함.
- **생계**: 사람들이 먹고 살기위해 돈을 버는 일.
- **추세**: 어떤 일이 시간이 지나면서 변해가는 흐름.

The 똑똑하게 신문 읽기

20~30대 젊은 창업자가 폐업하는 이유는 무엇인가요?

쏙쏙 경제 심화 학습

우리나라의 창업 지원 정책

	생태계 조정(저변확대)	예비 창업	창업 초기	창업 성장
지원 대상	대국민	예비 창업자	3년 이내 기업	3~7년 이내 기업
지원 사업	청소년 비즈쿨 창조 경제 혁신 센터 에이커스페이스	예비 창업 패키지	초기 창업 패키지	창업 도약 패키지 민관 공동 창업자 발굴 육성 글로벌 엑셀러레이팅
주요 지원 내용	창업 교육, 공간 제공 등	시제품 개발, 멘토링 등	사업화 자금 및 후속 지원	판로 개척, 글로벌 진출 등

출처: 창업진흥원

우리나라에서는 가게를 열고 싶은 사람들을 위해 단계별로 창업을 도와주는 제도가 있어요. '예비-초기-도약'처럼 창업의 단계에 따라 맞춤형으로 지원하는 거예요.

학교에서는 기업가 정신에 대한 교육을 하고, 창업에 관심 있는 친구들이 활동할 수 있도록 창업 동아리도 지원해요. 또 아이디어가 뛰어난 예비 창업자를 뽑아서, 그 아이디어가 실제 사업으로 이어질 수 있도록 필요한 비용도 지원하고 있어요.

메타인지가 쏙쏙

나만의 가게(회사)를 만들어 봐요.

내가 창업할 가게는?	
가게만의 특별한 특징은?	
손님을 많이 모으기 위한 나만의 방법은?	

하루 2시간, 길 위에서 보내는 사람들이 있다고요?

서울 시민 가운데 7명 중 1명은 하루에 왕복 2시간 이상을 통근·통학에 쓰는 것으로 조사됐어요. 2023년 기준 서울의 평균 통근·통학 시간은 편도 약 34.5분이었지만, 시민 13.5%는 편도 1시간 이상이 걸렸지요. 특히 양천구, 강동구, 강북구, 도봉구처럼 교통이 불편한 외곽 지역에서 장거리 통근자가 많았어요.

출처: 매일경제신문

서울연구원은 통근 시간이 길어진 가장 큰 이유로, 집값 급등에 따른 **교외** 거주 증가를 꼽았어요. 서울의 집값이 너무 비싸다 보니 직장과 멀더라도 서울 외곽이나 경기도에 집을 마련하는 경우가 늘고 있다는 분석이에요. 이런 지역은 낮에는 비어 있고 밤에만 사람이 사는 '**베드타운**'이 되면서, 낮에는 인구가 도심으로 몰려들고 밤에는 빠져나가는 패턴이 **고착화**되고 있어요.

그렇다면 긴 통근은 어떤 문제를 만들까요? 2013년 한국교통연구원 연구에 따르면 통근 1시간은 월 약 94만 원, 2시간은 약 188만 원의 경제적 손실로 이어진다고 해요. 또 장시간 통근은 여가, 수면, 사회활동 시간을 줄이고, 소음·진동·불편한 자세 같은 부정적 요인에 계속 노출돼 특히 30대 이상에서 생활 만족도를 크게 떨어뜨릴 수 있어요.

어휘 쏙쏙

- **교외**: 도시의 중심부에서 떨어진 주변 지역. 주로 주거지나 농경지가 많음.
- **베드타운**: 침대(Bed)와 지역(Town)의 합성어. 낮 시간대에는 주민 대부분이 다른 도시로 출근·통학하고, 밤 시간대에만 머무는 지역.
- **고착화**: 어떤 상태나 현상이 굳어져서 쉽게 변하지 않게 되는 것.

The 똑똑하게 신문 읽기

장시간 통근과 통학은 개인의 건강과 사회에 어떤 영향을 줄 수 있을까요?

 쏙쏙 경제 심화 학습

아이가 있으면 출근길이 더 멀어진다고요?

2024년 통계청 자료에 따르면 전국 직장인의 하루 평균 통근 시간은 73.9분이었어요. 연령별로는 30대가 76.9분으로 가장 길었고, 나이가 많아질수록 통근 시간이 짧아지는 경향을 보였지요. 지역별로는 수도권이 82.0분으로 가장 길었으며, 그다음이 동남권과 충청권이었어요.

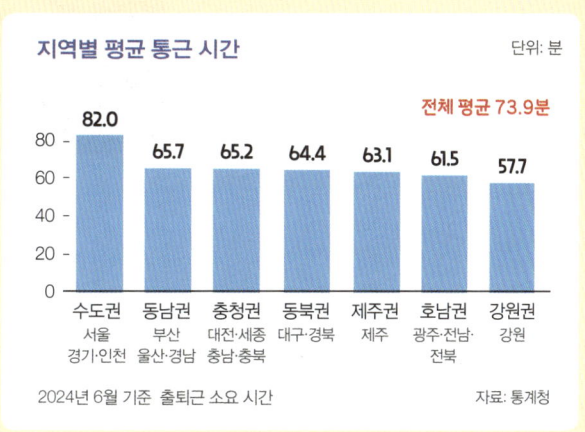

흥미로운 점은 미취학 자녀가 있는 근로자의 평균 통근 시간이 77분으로, 자녀가 없는 경우보다 더 길었다는 사실이에요. 이는 아이를 키우기 위해 넓은 집, 쾌적한 환경, 육아·교육 시설이 잘 갖춰진 교외 지역을 선택하는 경우가 많아 도심 직장까지의 이동 거리가 더 멀어지기 때문으로 분석돼요.

메타인지가 쑥쑥

장시간 통근과 통학이 경제적인 손실을 일으키는 이유는 무엇일까요? 빈칸에 들어갈 단어가 올바르게 연결된 것을 골라 보세요.

> 일을 하거나 쉬는 시간이 줄어 (　)이 떨어지고, 교통비·식비 같은 추가 (　)이 늘어나 경제적 손실로 발생해요.

① 수익률 – 지출
② 수익률 – 세금
③ 생산성 – 지출
④ 생산성 – 수입

정답: ③

선을 넘은 카공족 때문에 카페 규칙이 달라졌어요

스타벅스가 전국 매장에서 데스크톱 컴퓨터, 프린터, **멀티탭**, 칸막이 사용을 금지하기로 했어요. 일부 손님들이 카페 콘센트에 멀티탭을 꽂아 큰 컴퓨터와 프린터를 쓰거나, 칸막이를 세워 마치 개인 사무실처럼 사용하는 경우가 있었는데, 이런 **민폐** 행위가 다른 손님들에게 불편을 줬기 때문이에요.

출처: 셔터스톡

스타벅스는 이러한 조치를 전국 매장에 **공지**하고, 해당 행동을 하는 손님에게 직원이 직접 안내하도록 했어요. 최근 온라인에서도 매장에서 칸막이를 치고 데스크톱과 키보드를 사용하는 '카공족'(카페에서 공부하는 사람) 사진이 퍼지며 논란이 커졌고, 사람들은 '솔직히 선을 넘었다', '카페에서도 예절은 필요하다'라는 반응을 보였어요.

그리고 스타벅스는 장시간 자리를 비우는 손님의 물건을 직원이 챙기도록 했어요. 이는 도난과 분실을 막고, 모두가 쾌적하게 이용할 수 있도록 하기 위한 거예요.

스타벅스 측은 이번 조치가 모든 고객이 기분 좋게 매장을 이용하도록 하기 위한 것이라고 설명했어요. 특히 장시간 좌석을 비울 때 생길 수 있는 문제를 줄이기 위해 고객 안내를 강화했다고 밝혔어요. 이번 변화로 손님들은 자리를 오래 차지하거나 전기 사용을 줄이고, 서로를 배려하는 문화가 자리 잡을 것으로 기대돼요.

어휘 쏙쏙

- **멀티탭**: 여러 전기제품을 동시에 꽂아 쓸 수 있는 전기 연장선.
- **민폐**: 다른 사람에게 피해나 불편을 주는 일.
- **공지**: 여러 사람에게 알리기 위해 내는 공식적인 안내.

The 똑똑하게 신문 읽기

스타벅스가 왜 전국 매장에서 데스크톱, 프린터, 멀티탭, 칸막이 사용을 금지했는지 이유를 적어 보세요.

 쏙쏙 경제 심화 학습

카공족, 왜 카페 주인들이 걱정할까요?

카공족은 카페에서 오래 앉아 공부나 일을 하는 사람들을 말해요. 그런데 커피 한 잔만 시키고 1시간 40분 넘게 있으면 카페는 돈을 벌기 어려워져요. 자리가 적은 카페일수록 새 손님이 앉을 자리가 없어 매출이 줄어요. 또 어떤 사람은 멀티탭을 가져와 전자기기를 여러 개 쓰며 전기요금을 늘리고, 매장 분위기도 시끄럽게 만들어요. 가끔은 다른 손님에게 조용히 하라고 말해 주인이 곤란해질 때도 있어요.

이런 이유로 몇몇 카페에서는 콘센트를 막거나 시간을 제한하는데, 이 때문에 다른 손님이 불편해지기도 해요.

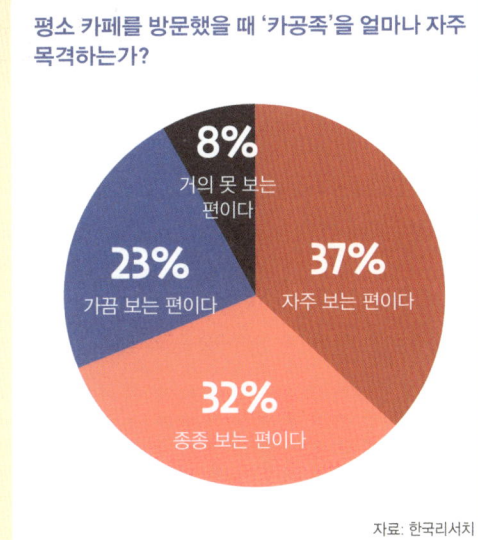

평소 카페를 방문했을 때 '카공족'을 얼마나 자주 목격하는가?

- 37% 자주 보는 편이다
- 32% 종종 보는 편이다
- 23% 가끔 보는 편이다
- 8% 거의 못 보는 편이다

자료: 한국리서치

 메타인지가 쏙쏙

만약 여러분이 카페 주인이라면, 카공족 문제를 해결하기 위해 어떤 규칙을 만들고 싶나요? 그 이유도 함께 적어 보세요.

관객이 줄자, 영화관 두 곳이 힘을 합쳤어요

요즘 한국 영화관들은 **불황**으로 관객이 줄어들면서 큰 어려움을 겪고 있어요. 경기도 좋지 않고, 넷플릭스나 티빙 같은 **OTT** 서비스를 이용하는 사람들이 많아지면서 영화관을 찾는 발걸음이 점점 줄어들었기 때문이에요.

출처: 픽사베이

이런 상황을 함께 이겨내기 위해 롯데시네마와 메가박스가 힘을 합치기로 했어요. 두 회사는 8월 8일, 서로 회사를 합치겠다는 약속(MOU)을 맺었다고 발표했어요. 롯데시네마를 운영하는 롯데컬처웍스와 메가박스를 운영하는 메가박스중앙은 영화관뿐 아니라 영화 투자와 **배급**도 함께 하고 있어요. 두 회사가 합치면, 영화관 수 기준으로 CGV를 뛰어넘는 우리나라 최대 규모의 멀티플렉스 영화관이 만들어지게 돼요.

이처럼 기업이 합병하는 이유는 경제적 어려움을 함께 이겨내기 위해서예요. 두 회사가 하나가 되면 더 많은 관객을 모을 수 있고, 비슷한 일을 따로 하지 않아도 돼 비용도 줄어요. 이번 **합병**이 잘 이루어지면 다양한 서비스와 새로운 콘텐츠로 관객을 다시 영화관으로 불러오기 위한 노력이 이어질 거예요. 관객은 특별관, 넓은 스크린, 편한 좌석, 할인 이벤트 같은 서비스도 기대할 수 있지요.

어휘 쏙쏙

- **불황**: 경제 활동이 일반적으로 침체되는 상태.
- **OTT(Over the top)**: 미디어 콘텐츠를 인터넷을 통해 소비자에게 제공하는 서비스.
- **배급**: 상품 따위를 생산자에서 소비자에게 옮김.
- **합병**: 둘 이상의 기구나 단체, 나라 따위가 하나로 합쳐짐.

The 똑똑하게 신문 읽기

영화관의 인기가 시들해진 이유는 무엇인가요?

 쏙쏙 경제 심화 학습

기업의 합병은 무엇이고 어떻게 이뤄지나요?

합병이란, 두 개 이상의 기업이 하나의 기업으로 합쳐지는 것을 말해요. 예를 들어 디즈니와 픽사, 페이스북(메타)과 인스타그램, 현대자동차와 기아자동차, 대한항공과 아시아나항공이 있어요. 그리고 합병하는 방법에는 흡수합병과 신설합병이 있답니다.

출처: 셔터스톡

흡수합병(A+B=A): A 은행이 B 은행을 흡수합병 하면 시중에 B 은행 이름은 사라지고 A 은행 이름만 남음.

신설합병(C+D=E): C 편의점과 D 편의점이 합쳐서 E 편의점이라는 새로운 편의점을 만드는 것.

 메타인지가 쏙쏙

영화관 말고도 손님이 줄어서 합병을 할 수 있는 다른 업종(예: 학원, 가게 등)을 떠올려 보세요. 또는 큰 기업 중에서 합병하면 좋은 기업이 있을까요?

합병 후보	이유

용돈 33만 원을 모아 기부한 초등학생의 따뜻한 이야기

경기도 용인시에 사는 한 초등학생이 1년 동안 모은 용돈 33만 원을 어려운 이웃을 위해 **기부**했어요.

지난해 12월, A 어린이는 용인 동부경찰서 동부파출소를 찾아가 1년 동안 차곡차곡 모은 329,610원과 직접 쓴 손 편지를 함께 전달했어요. 본인이 직접 전할 수도 있었지만, 부끄러움이 많은 성격이라 경찰에게 대신 기부해 달라고 부탁했지요.

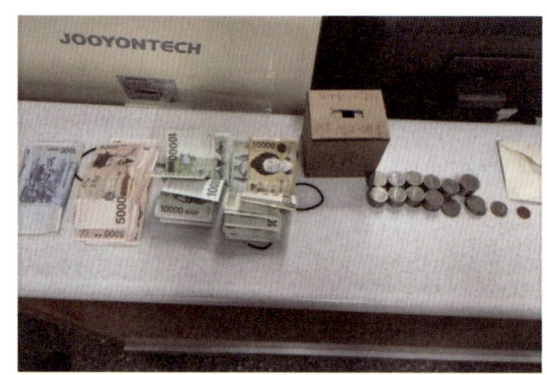

출처: 경기남부경찰서

편지에는 자신이 초등학생이라 부모님께 맡기려 했지만, 그러면 졸업 선물로 가방을 사줄 것 같아 계획을 바꿨다고 적혀 있었어요. 어려운 사람들을 위해 모은 용돈이어서 부모님께 드리는 건 포기했다고 해요. 그리고 힘든 **시국**에 좋은 소식이 하나쯤 있었으면 좋겠고, 작은 기부가 한 사람이라도 웃게 만든다면 충분히 기쁘다고 전했어요.

A 어린이의 따뜻한 마음에 감동한 동부파출소장은 상장을 수여하며 감사의 마음을 전했어요. A 어린이가 전한 기부금은 복지센터를 통해 사회복지공동모금회에 **기탁**돼, 저소득 한부모 가정이나 홀로 사시는 어르신들을 위해 쓰일 예정이에요.

이처럼 우리가 가진 것을 조금씩 나누면 세상은 더 따뜻해질 수 있어요. 친구들도 주변을 돌아보며 작은 나눔부터 함께 실천해 보면 어떨까요?

 어휘 쏙쏙

- **기부**: 자선 사업이나 공공사업을 돕기 위하여 돈이나 물건 따위를 대가 없이 내놓음.
- **시국**: 현재 맞닥뜨린 국내 및 국제 상황이나 형편.
- **기탁**: 금전이나 물건을 맡기고 상대편이 이를 보관하기로 약속함.

The 똑똑하게 신문 읽기

A 어린이가 기부한 돈은 어디에 사용될 예정인가요?

 쏙쏙 경제 심화 학습

어릴 때부터 시작하는 유대인의 기부 습관

유대인들은 아이가 태어나면 저금통 2개를 선물하는 전통이 있어요. 하나는 저축을 위한 저금통, 다른 하나는 가난한 사람을 돕기 위해 사용하는 '푸시케'라는 저금통이에요. 유대인 아이들은 매일 아침, 이 푸시케에 동전을 넣으며 하루를 시작해요. 이렇게 어릴 때부터 남을 돕는 습관을 자연스럽게 배우게 되는 거죠. 그리고 이런 습관은 어른이 되어서도 이어져 평생 기부하는 태도로 연결돼요.

 메타인지가 쏙쏙

작은 도움이라도 모이면 큰 힘, 내가 할 수 있는 나눔 찾기!

내가 돕고 싶은 사람들	어떤 도움이 필요할까?	내가 할 수 있는 활동

* 예를 들어, 아프리카 신생아에게는 모자가 필요해요. 그래서 아기 모자를 떠서 보낼 수 있어요. 또, 아름다운 재단에는 책과 물건을 기부할 수 있어요.

통신사 해킹으로 2,600만 명 정보가 유출됐어요

국내 최대 통신사인 SK텔레콤이 **해킹** 공격을 받아 약 2,695만 명의 사용자 정보가 **유출**되는 큰 사건이 일어났어요. 개인정보뿐 아니라 국가 보안까지 위협하는 심각한 문제로, 많은 사람의 관심이 쏠리고 있어요.

출처: 매일경제신문

과학기술정보통신부와 한국인터넷진흥원은 지난 7월 19일, 이 사건에 대한 중간 조사 결과를 발표했어요. 조사에 따르면 해커들은 무려 3년 동안 SK텔레콤 내부에 몰래 **악성코드**를 심고 정보를 빼갔어요. 이들은 SK텔레콤의 서버 23개를 감염시켰고 총 25종의 악성코드를 사용했어요. 일부 악성코드는 'BPF(버클리 패킷 필터)'라는 기술을 이용해 보안 시스템을 피해 몰래 정보를 빼냈다고 해요. 처음 악성코드가 심어진 시점은 2022년 6월 15일이지만, SK텔레콤의 방화벽 기록이 사라진 2023년 12월 2일 이전까지는 정확한 유출 여부를 알 수 없어 피해 범위는 아직 조사 중이에요.

전문가들은 이번 사건을 단순한 기업 해킹이 아니라 국가 안보와 관련된 문제로 봐야 한다고 말해요. 이에 따라 국가정보원은 중앙행정기관, 지방정부, 공공기관의 통신망 보안을 전면 점검하고 있어요. 아직 구체적인 2차 피해는 보고되지 않았지만, 많은 국민이 불안해하고 있어요. 이번 해킹 사건은 기술이 발전할수록 보안의 중요성도 함께 커진다는 사실을 다시 한번 보여주고 있어요.

어휘 쏙쏙

- **해킹**: 다른 사람의 컴퓨터 시스템에 무단으로 침입하여 데이터와 프로그램을 없애거나 망치는 일.
- **유출**: 밖으로 흘러 나가거나 흘려 내보냄.
- **악성코드**: 컴퓨터 사용자에게 피해를 주는 악의적인 용도로 사용될 수 있는 유해 프로그램.

The 똑똑하게 신문 읽기

이번 SK텔레콤 해킹 사건은 우리에게 어떤 교훈을 주나요?

 쏙쏙 경제 심화 학습

우리나라 기업의 정보 보호 노력은?

한국인터넷진흥원이 발표한 자료에 따르면, 우리나라 773개 기업은 2024년에 정보기술(IT) 예산 중 6.29%만을 정보보호에 투자했어요. 이 수치는 4년째 6% 초반에 머무르고 있어요.

미국과 비교해 보면 많이 부족해요. 미국의 보안 컨설팅 기관인 IANS 리서치에 따르면, 미국 기업들은 IT 예산의 13.2%를 보안에 투자한다고 해요. 게다가 우리나라 기업 중에는 매출의 0.1%도 보안에 쓰지 않는 곳이 있다고 해요.

정부는 기업들이 보안에 더 많이 투자할 수 있도록 세제 혜택을 주는 방안도 검토 중이에요.

주요 기업별 정보 보호 예산 비중 (단위: %)
- LG유플러스 7.4
- KT 6.3
- 삼성전자 5.4
- 네이버 4.5
- SKT 4.2
- 카카오 3.5

자료: 한국인터넷진흥원 정보보호 실태 조사(2024년 기준)

메타인지가 쏙쏙

다음을 보고 맞는 말에 O, 틀린 말에 X를 해 보세요.

① 모르는 사람이 보낸 문자의 링크를 안심하고 눌러도 괜찮다. (   )

② 공공 와이파이를 사용할 때는 중요한 개인정보(비밀번호, 주민번호 등)를 입력하지 않는 것이 안전하다. (   )

③ 우리나라 기업들은 미국 기업보다 보안에 더 많은 돈을 쓰고 있다. (   )

정답: X, O, X

앞으로 더 많은 학교가 사라질 수도 있어요

출처: 매일경제신문

   2024년 전국에서 문을 닫는 초등학교와 중학교는 총 49곳으로 집계됐어요. 이는 지난해보다 48%나 늘어난 수치로, **저출생**에 따른 학생 수 급감이 농어촌 지역 폐교 증가로 이어지고 있는 거예요.

   교육부에 따르면, 올해 초등학교 입학생이 단 한 명도 없는 학교가 전국에 112곳에 달했어요(2024년 기준). 특히 전북이 34곳으로 가장 많았고, 이어 경북(17곳), 경남(16곳) 등 지방의 상황이 더욱 심각했어요. 이미 방치된 폐교만 전국적으로 367곳에 이른다고 하니 문제는 더 커지고 있는 셈이에요. 2025년의 상황은 더 걱정돼요. 전국 시도교육청이 **취합**한 예비 자료에 따르면 경북 42곳, 전남 32곳, 전북 25곳 등에서 입학생이 한 명도 없을 것으로 예상되거든요.

   학교 폐교는 단순한 교육 문제를 넘어 지역 사회 전체에 영향을 줘요. 학생과 교직원이 줄면 마을 상점, 교통, 부동산까지 위축될 수 있거든요. 출생아 수 감소는 이제 일부 지역만의 문제가 아니라 교육, 경제, 복지 등 사회 전반에 영향을 주는 중요한 문제예요. 정부도 폐교를 막기 위해 소규모 학교 지원이나 지역 맞춤형 교육 프로그램 확대, 학교 복합 활용 방안을 추진 중이에요. 학교는 공부만 하는 곳이 아니라, 마을 공동체를 **지탱**하는 중심 공간이라는 인식이 필요한 시점이에요.

어휘 쏙쏙

- **저출생**: 일정한 기간에 태어난 사람의 수가 적음.
- **취합**: 모아서 하나로 합침.
- **지탱**: 어떤 물체를 쓰러지지 않도록 받치거나 버티는 것.

The 똑똑하게 신문 읽기

학교가 폐교되는 이유를 무엇 때문이라고 했나요?

 쏙쏙 경제 심화 학습

세계의 폐교 공간 활용 실태

폐교를 활용하는 건 그냥 버려진 건물을 쓰는 게 아니에요. 마을에 필요한 문화센터, 체험관, 도서관 같은 공간으로 바꾸면, 사람들이 많이 찾아와요. 사람이 모이면 가게나 식당도 잘 되고 마을에 돈이 돌면서 더 살기 좋은 곳이 돼요. 이렇게 폐교는 마을을 다시 활기차게 만드는 특별한 공간이 될 수 있어요.

출처: 울주군

우리나라: 폐교 위기 지방대를 외국인 전문학교, 캠핑장, 숙박 시설, 문화 공간으로 활용
일본: '모두의 폐교' 프로젝트를 통해 숙박 시설, 목욕탕, 카페 등으로 활용
미국: 방과 후 학교 및 교육 시설, 숙박 시설, 문화 공간으로 활용

메타인지가 쏙쏙

학교가 사라진 자리에 새로운 공간을 만들어 봐요!

새롭게 태어날 공간 이름	
누가 사용하나요?	
어떤 활동을 하나요?	

우리 함께 저출생과 고령화 문제를 해결해요!

요즘 우리 사회는 아기 울음소리는 줄고, 어르신은 많아지는 '저출생·**고령화**' 문제가 커지고 있어요. 이를 해결하기 위해 정부는 국민에게 정책 아이디어를 모았고, 많은 사람들이 머리를 맞대고 방법을 고민했어요. 이렇게 모인 아이디어 중 사회에 도움이 될 만한 제안은 상을 주고, 실제 **정책**으로도 활용할 예정이에요. 이번 공모전에는 총 3,639건이 접수됐고, 중·고등학생이 1,663건, 대학생과 일반인이 1,976건을 냈어요.

출처: 저출산고령사회위원회

7월 16일, 서울 소공동 롯데호텔에서는 '저출생·고령화 정책 공모전' 시상식이 열렸어요. 대상은 김이슬 씨의 '효 포인트'가 받았어요. 탄소 줄이기나 걷기 같은 활동으로 포인트를 모아서, 건강 돌봄 서비스에 사용할 수 있는 제안이었어요. 환경도 지키고, 부모님을 돌보는 데에도 쓸 수 있어 높은 평가를 받았지요.

중·고등학생 부문 최고상은 권미리 학생의 '맘 택시'가 받았어요. '맘 택시'는 아기와 보호자를 위해 육아용품이 비치된 전용 택시 서비스예요. 또 김승현 학생은 글씨가 작아 어려움을 겪는 어르신들을 위해, 큰 글씨와 소리로 안내하는 '어르신 맞춤형 안내판'을 제안해 수상했어요. 이처럼 공모전에는 참신하고 따뜻한 제안이 많이 나왔어요. 정부는 앞으로도 국민 아이디어를 바탕으로 저출생과 고령화 문제를 함께 풀어갈 계획이에요.

어휘 쏙쏙

- **고령화**: 한 사회에서 노인의 인구 비율이 높은 상태.
- **정책**: 정치적인 목적을 실현하거나 사회적인 문제를 해결하기 위하여 취하는 방침이나 수단.

The 똑똑하게 신문 읽기

정부는 저출생과 고령화 문제를 해결하기 위해서 무엇을 했나요?

 쏙쏙 경제 심화 학습

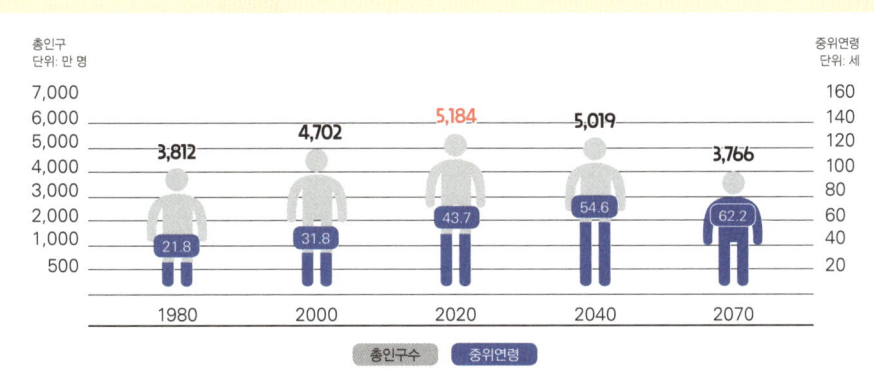

중위연령이 말하는 대한민국의 나이 변화

총인구 단위: 만 명 / 중위연령 단위: 세

연도	총인구	중위연령
1980	3,812	21.8
2000	4,702	31.8
2020	5,184	43.7
2040	5,019	54.6
2070	3,766	62.2

출처: 저출산고령사회위원회

대한민국의 총인구는 2020년 5,184만 명에서 2022년 5,175만 명으로 줄었어요. 2021년 조사에서 중위연령(인구를 나이순으로 줄 세웠을 때 정중앙에 있는 사람의 나이)은 44.3세였어요. 1980년에는 21.8세였는데, 이제 우리나라는 평균적으로 44세 정도의 나라가 된 거예요. 2040년에는 54.6세까지 오를 것으로 예상돼요.

이처럼 인구가 줄고 나이 많은 사람이 늘어나는 상황에서 중위연령은 사회의 나이 구조를 보여주는 중요한 지표예요. 중위연령이 높아진다는 건 젊은 인구는 줄고 고령 인구는 늘어난다는 뜻이어서, 일할 사람 수, 경제 규모, 복지 정책 등 여러 분야에 영향을 줘요.

 메타인지가 쏙쏙

저출산이 계속되면 30년 뒤 우리 사회의 모습은 어떻게 될까요?

① 학교가 더 많아진다
② 일할 사람이 줄어든다
③ 유치원이 새로 생긴다
④ 놀이공원이 늘어난다

정답: ②

012 블루 오션으로 떠오르는 시니어 산업은 왜 인기일까요?

은퇴한 뒤 다시 일을 시작하는 어르신들이 많아지고 있어요. 요즘은 노인들이 멋지게 다시 일할 수 있도록 돕는 새로운 회사들도 생겨나고 있어요. 이렇게 노인과 관련된 산업을 '시니어 산업'이라고 불러요.

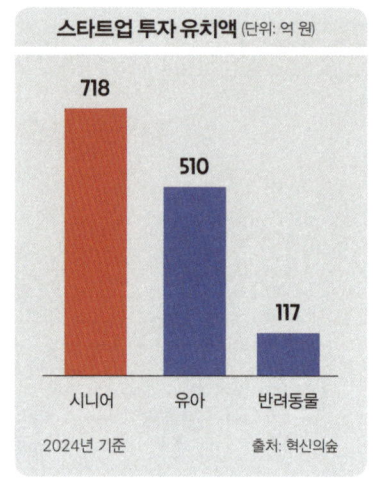

우리나라처럼 65세 이상 인구가 전체의 20%를 넘는 초고령 사회에서는 시니어 산업이 빠르게 커지고 있어요. 실제로 지난해 시니어 관련 **스타트업**에 718억 원이 투자되었어요. 같은 해 유아(510억 원)나 반려동물(117억 원) 관련 스타트업보다 훨씬 많았지요. 2020년에는 58억 원 수준이었는데, 4년 만에 무려 12배나 커진 거예요.

'에이지프리'라는 스타트업은 은퇴한 어르신들이 일자리를 찾을 수 있도록 '천직(1000JOBS)'이라는 **플랫폼**을 만들었어요. 이곳에서는 인테리어, 강아지 미용 같은 기술을 가르쳐주고, 배운 기술로 다시 일할 수 있게 도와줘요. 아직 규모는 작지만, 카카오벤처스와 한국투자파트너스 같은 유명한 투자 회사로부터 투자를 받았어요.

예전에는 노인 관련 일이라면 돌봄 서비스가 대부분이었지만, 요즘은 인공지능 같은 기술로 고객의 필요를 더 정확히 파악해 다양한 산업과 협력하며 새로운 시장을 만들고 있어요. 이런 변화 덕분에 어르신들도 더 재미있고 다양한 일에 도전할 수 있게 되었어요.

어휘 쏙쏙

- **은퇴**: 맡은 바 직책에서 손을 떼고 물러나서 한가로이 지냄.
- **스타트업**: 혁신적인 기술 혹은 아이디어를 가진 신생 창업 기업.
- **플랫폼**: 역에서 승객이 열차를 타고 내리기 쉽게 만든 승강장, 온라인상에서 이용자들이 소통하거나 거래할 수 있도록 만들어진 공간.

The 똑똑하게 신문 읽기

은퇴 후 일을 다시 시작하는 노인들이 증가할 수 있었던 이유는 무엇인가요?

 쏙쏙 경제 심화 학습

레드 오션, 블루 오션이란?

구분	레드 오션(Red Ocean)	블루 오션(Blue Ocean)
뜻	경쟁이 매우 치열한 곳	경쟁이 거의 없는 새로운 곳
예시	학교 앞 떡볶이 가게가 5개나 있을 때	아무도 안 파는 '생선 김밥' 가게 시작하기
결과	경쟁이 치열해 이익이 적음	경쟁이 적고, 기회가 많음

메타인지가 쏙쏙

레드 오션과 블루 오션을 찾아서 표시해 보세요.

가게	설명	선택
편의점	학교 근처에 4개 있음	☐ Red ☐ Blue
무인 우유 자판기	처음 보는 기계	☐ Red ☐ Blue
떡볶이 가게	이미 3곳 있음	☐ Red ☐ Blue
강아지 그림 그려주는 가게	한 번도 본 적 없음	☐ Red ☐ Blue

013
운전면허를 반납한 어르신께 40만 원이 지원돼요

최근 고령 운전자가 일으키는 교통사고가 늘고 있어요. 나이가 들면 시력과 반응 속도가 떨어지고, 돌발 상황에 대응하는 능력도 낮아지기 때문이에요. 서울시는 운전면허를 반납한 어르신에게 주던 교통카드 지원금을 기존 10만 원에서 올해부터 20만 원으로 올렸어요.

여기에 동작구가 20만 원을 추가해서, 총 40만 원을 교통카드로 드리기로 했어요. 이 카드는 버스, 지하철, 기차뿐 아니라 편의점이나 프랜차이즈 음식점에서도 사용할 수 있어요.

운전면허를 **반납**하려면 먼저 경찰서에 가서 면허를 반납하고, 면허 반납 확인서와 신분증을 들고 구청에 가면 돼요. 서류만 잘 챙기면 가족이나 대리인이 대신 신청할 수도 있어요. 이 제도는 2024년 5월 13일부터 본격적으로 시작되어서, 그 이후 면허를 반납한 분들이 대상이에요.

동작구에 따르면 작년 기준 70세 이상 어르신이 약 1만 8천 명이었고, 그중 1,099명이 운전면허를 **자발적**으로 반납했어요. 어르신들은 '이제는 걷거나 대중교통으로 다니는 게 더 안전하고 편하다'라며 기쁘게 참여하셨다고 해요. 동작구청장은 나이가 들수록 사고 위험이 커지기 때문에, 어르신들이 스스로 면허를 반납할 수 있도록 돕고 있다며 앞으로도 교통안전 교육과 편리한 **이동 서비스**를 계속 준비하겠다고 했어요.

어휘 쏙쏙

- **반납**: 다시 돌려줌.
- **자발적**: 누가 시키지 않아도 스스로 하는 것.
- **이동 서비스**: 사람이 한 곳에서 다른 곳으로 편하게 갈 수 있도록 돕는 서비스.

The 똑똑하게 신문 읽기

고령 운전자가 스스로 운전면허를 반납하는 주된 이유는 무엇인가요?

 쏙쏙 경제 심화 학습

고령 운전자 면허 반납과 경제적 효과

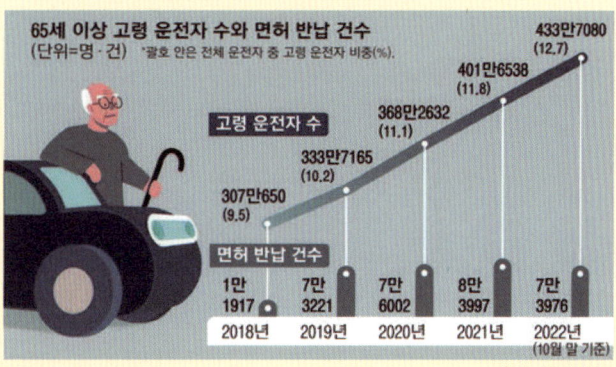

출처: 매일경제신문

고령 운전자가 면허를 반납하면 교통사고가 줄어 응급 의료비, 보험금, 도로 복구비, 행정·법적 비용 등 국가 예산을 절감할 수 있어요. 또 대중교통 이용이 늘어나 관련 산업이 활성화되고, 노인을 위한 전용 이동 수단 시장도 확대되는 긍정적인 효과가 있어요.

하지만 반대로 노인의 이동성이 낮아지면 소비가 줄어 농촌 경제가 위축되고, 교통카드 보조금 등으로 정부 지출이 늘며, 외출 감소로 우울증이 높아질 수 있어요.

메타인지가 쏙쏙

각자의 입장이 되어 노인 운전면허 반납에 대한 생각을 써 보세요.

	운전면허 반납에 대한 생각
현재 나의 입장은?	
내가 노인 입장이라면?	
내가 정부 입장이라면?	

Part 2. 우리

Part 3

나라

대전에서만 살 수 있는 특별한 꿈돌이 라면

최근 여행지에서만 만날 수 있는 '라면 관광'이 인기를 끌고 있어요. 각 지역이 **특산물**과 캐릭터를 합쳐 만든 '**협업** 라면'이 관광 상품이자 지역 홍보 수단으로 주목받는 거예요. 단순한 식품이 아니라 여행지에서만 살 수 있는 한정판이라 관광객의 호기심을 끌고 있어요.

출처: 대전시

그 대표적인 사례가 바로 대전의 '꿈돌이 라면'이에요. 대전 캐릭터 '꿈씨 패밀리'를 활용한 한정판으로, 출시 한 달 만에 50만 개 이상 팔렸어요. 대전역, 편의점, 하나로마트 등 지역 한정 판매 전략이 성공했고, 캐릭터 굿즈도 SNS에서 화제가 됐어요. 여행객들이 대전에 가면 꼭 사야 할 기념품으로 꼽을 정도예요.

그리고 서울의 '서울라면'은 지방자치단체 최초 자체 상표 라면으로, 1년 반 만에 국내외 누적 478만 봉이 팔리며 라면 관광을 이끌었어요. 최근에는 서울시 캐릭터 '해치'를 넣은 패키지로 다시 출시해 수출도 늘고 있어요. 또한 제주의 '딱멘'과 '돗멘'은 딱새우, 흑돼지, 감자면 등 특산물로 만든 관광 라면으로, 전통시장과 기념품점에서 관광객들의 발길을 끌고 있답니다.

이처럼 라면 관광은 지역 농축산물, 캐릭터, 관광 자원을 결합해 차별화된 가치를 만들고 있어요. 단순히 라면을 먹는 즐거움이 아니라, 여행지에서만 살 수 있는 특별한 경험을 제공해 방문객 소비를 유도하고 지역 경제에 활력을 불어넣고 있어요.

어휘 쏙쏙

- **특산물**: 어떤 지역에서만 특별히 나고 자라는 농산물이나 물건.
- **협업**: 서로 힘을 합쳐 함께 일하는 것.

The 똑똑하게 신문 읽기

왜 대전의 꿈돌이 라면 같은 '라면 관광'이 지역 경제를 살리는 데 도움이 될까요?

쏙쏙 경제 심화 학습

하루 380만 개, 구미라면 축제의 매력!

경북 구미시는 국내에서 가장 큰 농심 라면 공장이 있는 곳이에요. 이곳에서는 하루에 380만 개, 전국 라면 소비량의 약 36%를 만들어요. 2022년부터는 '구미라면 축제'도 열고 있어요. 축제 인기는 해마다 높아져 2023년에는 약 9만 명, 2024년에는 약 17만 명이 다녀갔어요. 올해 축제는 10월 31일부터 11월 2일까지 열리고, '갓 튀긴 라면' 시식, 나만의 라면 만들기, 라믈리에(라면+소믈리에) 선발 대회 등 다양한 체험을 즐길 수 있어요.

출처: 구미시

메타인지가 쏙쏙

우리 지역을 대표하는 '관광 라면'을 만든다고 상상해 보세요. 라면 이름, 주재료, 판매 장소 등을 정하고, 만든 이유를 적어 보세요.

라면 이름	
주재료	
캐릭터	
판매 장소	
만든 이유	

002
1초에 79개, 한국 라면이 전 세계로 팔려요

출처: 삼양식품

올해 상반기(1~6월) 동안 한국에서 수출된 라면은 무려 7억 3,170만 달러, 우리 돈으로 약 9,953억 원어치였어요. 상반기 기준으로는 역대 최고 기록이에요. 그리고 10월에는 드디어 연간 수출액이 10억 2,000만 달러(약 1조 3,900억 원)를 넘었어요. **한류** 음식의 인기를 다시 한번 보여준 거죠. 이는 전년보다 약 30%나 늘어난 수치인데, 계산해 보면 1초에 79개씩 라면이 수출된 셈이에요!

한국 라면의 인기가 본격적으로 높아진 건 2014년부터예요. 그리고 2024년 4월부터 매달 1억 달러어치 넘는 라면이 세계로 나가고 있어요. 지금은 100개국이 넘는 나라에서 한국 라면을 찾고 있대요. 중국, 미국, 러시아, 동남아, 유럽, 중동까지 그 **열풍**이 퍼지고 있어요.

이런 인기를 이끈 주인공은 바로 '불닭볶음면' 같은 매운맛 라면이에요. 세계 사람들에게는 독특하고 강렬한 맛이 재미있게 느껴졌고, '매운맛에 도전하는 영상들이 **입소문**을 타고 드라마, 유튜브, 틱톡 등 SNS를 통해 빠르게 퍼졌어요. 그리고 먹는 걸 보여주는 '먹방'도 한몫했죠.

이제 한국 라면은 단순한 음식이 아니에요. 한국 문화를 세계에 알리는 'K-콘텐츠'로 자리 잡았어요.

어휘 쏙쏙

- **한류**: 우리나라의 노래, 드라마, 음식 같은 대중문화가 다른 나라에서 인기를 끄는 현상.
- **열풍**: 어떤 것이 아주 큰 인기를 끌어 빠르게 퍼지는 현상.
- **입소문**: 사람들 사이에 입에서 입으로 전해지는 이야기나 소문.

The 똑똑하게 신문 읽기

K라면이 단순한 음식이 아닌 문화 콘텐츠가 된 이유는 무엇일까요?

 쏙쏙 경제 심화 학습

불닭볶음면의 수출과 주가 상승

불닭볶음면의 인기에 힘입어 삼양식품의 주가도 크게 올랐어요. 2024년 4월 17일에 26만 500원이었던 주가는 1년 뒤인 2025년 4월 17일에는 무려 93만 6,000원으로, 약 3.6배나 뛰었어요.

비결은 단연 '불닭볶음면' 같은 매운맛 라면이에요. 삼양식품이 만든 라면 10개 중 7개 이상이 해외에서 팔리고 있고, SNS와 유튜브를 통해 세계 사람들의 입맛을 사로잡았어요. 주문이 너무 많아 공장을 온전히 가동해도 감당하기 어려울 정도라고 해요.

우상향하는 삼양식품 매출과 주가

- 주가 93만 6,000원
- 76만 5,000원 (1조 7,280억 원)
- 10만 1,000원 (6,485억 원)
- 4만 550원 (3,593억)

괄호 안은 매출액. 주가는 매년 마지막 거래일 기준

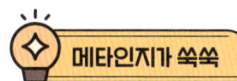 **메타인지가 쏙쏙**

K라면이 세계에서 인기를 끌게 된 이유로 가장 알맞은 것은?
① 라면이 한국에서만 팔리기 때문에
② 한국 라면이 싸서 아무나 살 수 있어서
③ 매운맛과 독특한 맛, SNS 먹방과 챌린지가 퍼졌기 때문에
④ 한국 사람들이 가장 많이 먹는 음식이기 때문에

정답: ③

우리나라 웹툰 시장이 위기에 빠졌어요

한국의 **웹툰** 산업은 요즘 여러 어려움에 직면하고 있어요. 대표적인 다섯 가지 문제를 살펴보면 다음과 같아요.

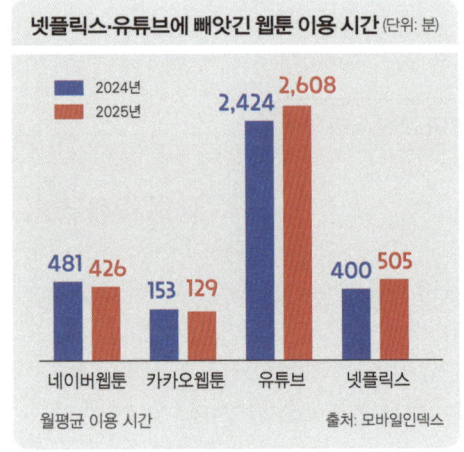

첫째, 영상 콘텐츠와 숏폼 사용이 늘면서 웹툰을 보는 시간이 줄고 있어요. 숏폼은 짧고 세로 형식이라 이동 중에도 쉽게 볼 수 있어 웹툰과 경쟁해요. 둘째, 비슷한 이야기와 그림이 많아졌어요. '회귀·빙의·환생' 구조가 반복되고, 웹소설을 각색한 '**노블코믹스**'가 늘면서 다양성은 줄었어요. 셋째, 네이버와 카카오의 **독과점** 구조 때문에 작가와 제작사가 불리해요. 실제로 작가 평균 수입도 감소했어요. 넷째, 불법 복제가 여전히 심각해요. 합법 시장은 약 2조 2천억 원이지만, 불법 유통만도 4천억 원 이상이에요. 해외 서버로 단속이 어렵고 처벌도 약하다는 지적이 있어요. 다섯째, 해외 진출도 쉽지 않아요. 번역·계약·저작권 규칙이 달라 진출이 어렵고, 글로벌 플랫폼과 직접 계약 기회도 적어요. 일본과 북미 외에는 수출이 적고, 해외 대기업들이 자체 서비스를 넓히며 경쟁이 더 치열해지고 있어요.

이 문제들은 웹툰 작가, 플랫폼 회사, 독자 모두에게 영향을 주고 있어요. 앞으로는 더 다양하고 창의적인 콘텐츠, 공정한 수익 구조 그리고 해외 진출 확대가 K-웹툰이 계속 성장하는 데 중요한 열쇠가 될 거예요.

어휘 쏙쏙

- **웹툰**: '웹(Web)'과 '카툰(Cartoon)'을 합친 말. 인터넷 웹사이트를 통하여 연재되는 만화.
- **노블코믹스**: 노블(Novel)과 코믹스(Comics)를 합친 말. 인기 소설 내용을 원작으로 그려 만든 만화.
- **독과점**: 한 회사나 몇몇 큰 회사가 시장을 거의 차지해 경쟁이 적은 상태.

The 똑똑하게 신문 읽기

한국의 웹툰 산업이 최근 겪고 있는 대표적인 어려움에는 어떤 내용들이 있을까요?

쏙쏙 경제 심화 학습

웹툰 시장 성장 둔화와 신작 감소 현상

'확 줄어든' 웹툰 등록 작품 수 (단위: 개)
- 2023년: 2만 141
- 2024년: 1만 8,792
- 2025년(1~6월): 8,100

2025년 자료는 만화규장각 통계
자료: 한국만화영상진흥원

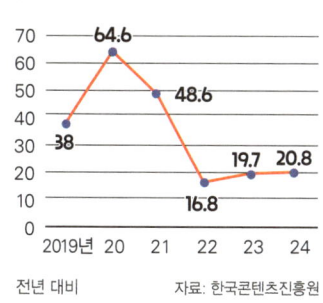
웹툰 시장 성장률도 뚝뚝 (단위: %)
- 2019년: 38
- 20: 64.6
- 21: 48.6
- 22: 16.8
- 23: 19.7
- 24: 20.8

전년 대비   자료: 한국콘텐츠진흥원

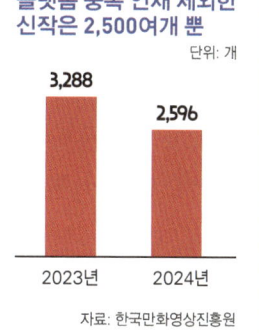
플랫폼 중복 연재 제외한 신작은 2,500여개 뿐 (단위: 개)
- 2023년: 3,288
- 2024년: 2,596

자료: 한국만화영상진흥원

최근 몇 년간 빠르게 성장하던 국내 웹툰 시장이 성장 속도가 둔해지고, 새 작품 수도 줄어드는 두 가지 어려움에 부딪히고 있어요.

2023년에는 약 2만 편의 웹툰이 등록됐지만 2024년에는 1만 8,792편, 2025년 상반기에는 8,100편에 그쳤어요. 시장 성장률도 2019년 38%에서 2020년 64.6%로 최고점을 찍은 뒤 계속 떨어져 2024년에는 20.8%에 머물렀어요. 같은 작품을 여러 플랫폼에 올린 것을 빼면 실제 신작 수는 2023년 3,288편에서 2024년 2,596편으로 감소했어요. 이는 웹툰 산업이 작품 다양성과 창작 환경 모두에서 위축되고 있음을 보여주고 있어요.

메타인지가 쏙쏙

웹툰 불법 유통으로 작가에게 돌아갈 수입이 줄어들면, 산업 전체에는 어떤 경제 현상이 나타날까요?

① 작가들이 창작 활동을 더 활발히 한다
② 새로운 작품이 줄어든다
③ 웹툰 가격이 내려간다
④ 플랫폼 수가 늘어난다

정답: ②

004

하루만 일해도 100만 원을 받는 특별한 알바

요즘 아주 특별한 체험 아르바이트(알바)가 인기를 끌고 있어요. 이번 여름에 모집한 '치킨 뼈 **발골** 전문가' 알바에는 1만 7천 명이 지원했고, 전체 이벤트에는 9만 명 가까운 사람이 몰렸어요.

이 알바는 실제로 가게에서 일하는 게 아니라 **가상**의 체험이에요. 치킨에서 고기를 얼마나 잘 발라내는지 보여 주고, 그 후기를 SNS에 올리는 미션을

출처: 잡코리아, 알바몬, 푸라닭

하는 거죠. 뽑힌 사람은 하루만 참여해도 100만 원을 받을 수 있었는데, 이는 하루에 몇만 원 정도인 최저임금 알바비와 비교하면 훨씬 많은 금액이에요. 여기에 치킨 신제품 교환권까지 받을 수 있었어요.

비슷한 체험 알바는 예전에도 있었어요. 예를 들어, 수박씨를 바르는 '수박 연구원'이나 집안 쉰내를 없애는 '뽀송 연구원' 같은 알바예요. 수박 알바는 수박 주스를 알리기 위해 커피 회사와 함께했고, 쉰내 알바는 미니 건조기를 직접 써보는 내용이었어요. 이때도 수만 명이 지원했을 만큼 큰 인기를 얻었어요.

이런 알바는 재미로 참여하지만, 당첨되면 상금이나 선물이 있어 많은 사람이 도전해요. 참가자도 즐겁고 회사 홍보에도 도움이 되니 서로 **윈윈**이죠. 잡코리아와 알바몬은 앞으로도 사람들이 즐겁게 참여할 다양한 체험 알바를 만들 계획이에요.

 어휘 쏙쏙

- **발골**: 동물의 뼈와 고기를 분리하는 일.
- **가상**: 사실이 아니거나, 사실인지 분명하지 않은 것을 사실이라고 가정해서 생각하는 것.
- **윈윈(win-win)**: 모두에게 유리하고, 모두가 이기는 상황.

The 똑똑하게 신문 읽기

특별한 아르바이트 체험은 왜 회사와 참가자에게 서로 이득일까요?

 쏙쏙 경제 심화 학습

최저임금은 무엇일까요?

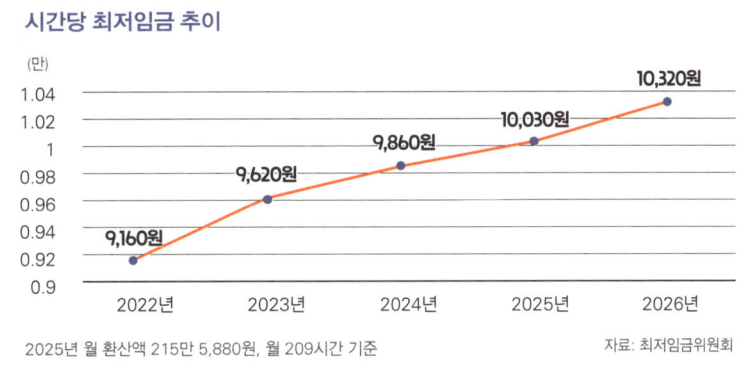

시간당 최저임금 추이

2022년: 9,160원
2023년: 9,620원
2024년: 9,860원
2025년: 10,030원
2026년: 10,320원

2025년 월 환산액 215만 5,880원, 월 209시간 기준
자료: 최저임금위원회

최저임금은 국가가 임금의 최저 수준을 정하고 이보다 적게 주지 못하도록 법으로 강제해 근로자를 보호하는 제도예요. 예를 들어, 1시간 일하고 받는 최저임금이 9,000원이라면 근로자는 반드시 이 금액 이상을 받아야 해요. 사장이 9,000원보다 적게 주면 법을 어긴 것이 되어 벌을 받게 된답니다. 2026년 우리나라의 최저임금은 10,320원이에요.

최저임금은 너무 낮은 임금을 받는 근로자를 보호할 수 있는 장점이 있지만, 인건비가 늘어 회사 경영 부담이 커지고 물건 가격이 오를 수 있다는 단점도 있어요.

 메타인지가 쏙쏙

체험 알바가 기업과 참가자에게 서로 윈윈이라고 했는데, 서로 어떤 점이 좋은 걸까요?

기업 입장	참가자 입장

Part 3. 나라

005 나이와 직업 상관없이 모두가 당할 수 있는 보이스 피싱

보이스 피싱은 전화를 이용해 사람을 속이고 돈을 빼앗는 범죄예요. 피해를 당하면 단순히 돈만 잃는 것이 아니라, 마음에 큰 상처를 입고 평소 생활마저 힘들어질 수 있어요.

한 아주머니는 남편과 평생 모은 2억 원 넘는 **노후 자금**을 한순간에 잃었어요. 남편이 땀 흘려 모은 돈이라 차마 말도 못 하고 혼자 마음 앓이를 했대요. 또 혼자 살아갈 준비를 하던 30대 아저씨는 검찰을 **사칭**한 전화에 속아 적금과 대출금 4천만 원 이상을 모두 잃었어요. 가족과 함께 준비하던 집 마련 계획도 사라졌고, 그 뒤로는 사람을 쉽게 믿지 않게 되었어요. 20대 청년도 가입한 사이트가 범죄 조직과 관련 있다는 전화를 받고 400만 원 넘게 보낼 뻔했어요. 다행히 은행 직원이 보이스 피싱임을 알려줘 더 큰 피해는 막았지만, 충격은 오래 남았어요.

이처럼 보이스 피싱은 나이나 직업에 상관없이 누구나 당할 수 있는 무서운 범죄예요. 피해는 돈뿐 아니라 가족과의 관계, 미래 계획, 마음의 평화까지 빼앗아 갈 수 있어요. 그래서 전화를 받을 때는 특히 모르는 번호나 수상한 내용일 경우 꼭 사실을 확인하는 습관이 필요해요.

어휘 쏙쏙

- **보이스 피싱(Voice Pishing)**: 은행이나 회사를 사칭해 전화를 걸어 돈이나 개인정보를 빼앗는 범죄. 음성(Voice)과 개인정보(Private Data), 낚시(Fishing)를 합친 말.
- **노후 자금**: 나이가 들어 일을 하지 못하게 되었을 때를 대비해 모아둔 돈.
- **사칭**: 이름이나 직업 따위를 거짓으로 속여 말함.

The 똑똑하게 신문 읽기

보이스 피싱은 왜 피해자의 일상까지 힘들게 만들까요?

 쏙쏙 경제 심화 학습

보이스 피싱 20년 동안 얼마나 늘었을까?

출처: 매일경제신문

2006년 보이스 피싱 피해액은 106억 원이었지만, 2017년에는 2,470억 원으로 약 24배로 증가했어요. 2019년에는 6,398억 원, 2021년에는 7,744억 원으로 계속 늘었고 2023년에는 잠시 줄어 4,472억 원이 되었어요. 그러나 2025년 상반기에만 6,421억 원 피해가 발생해, 연간 1조 원 이상이 될 것으로 예상돼요. 피해가 늘어나는 이유에는 범죄 수법의 다양화·정교화, 온라인 금융 사용 증가 등이 있어요.

 메타인지가 쑥쑥

보이스 피싱 피해를 줄이기 위해 사회나 정부가 할 수 있는 일은 어떤 것이 있을까요?

보이스 피싱 피해를 줄이기 위해 내가 할 수 있는 행동을 2가지 이상 적어 보세요.

거짓 테러 협박으로 멈춘 공연과 백화점, 경제적 손실이 커져요

최근 신세계백화점 명동 본점에 폭발물 협박이 접수돼서 4,000여 명이 대피했어요. 며칠 뒤에는 서울 KSPO돔에서도 폭탄 협박이 제보돼 그룹 더보이즈 공연이 2시간 지연되고, 관객 2,000명이 긴급 대피했어요. 경찰은 특공대 57명을 투입해 약 1시간 동안 경기장을 수색했어요.

이처럼 올해 들어 백화점과 대형 경기장을 대상으로 한 폭탄 협박이 잇따르며 경제적 피해가 커지고 있어요. 8월에만 6건이 발생했고, 경찰특공대 투입과 현장 수색, 수천 명의 대피로 운영이 중단되면서 **영업 손실**도 생겼답니다.

올해 주요 테러 협박 사건

시점	내용
1월	서울 국민의힘 당사 폭발물 설치
2월	서울 시내 모든 중학교 폭파
4월	수인분당선 기흥역 폭발물 설치
7월	수인분당선 한티역 칼부림 예고
8월	신세계 백화점 본점 폭발물 설치 일부 신세계 점포 폭발물 설치 학생 대상 황산 테러 경기 성남 소재 게임 회사 폭파 서울 송파 KSPO돔 폭발물 설치 전국 5대 백화점 폭발물 설치

이런 사건이 반복되면 영업 중단으로 매출 감소, 공연 취소·환불, 인력 재배치 등 손실이 이어지고, 경찰·소방 인력 투입, 교통 통제로 **공공 자원** 비용도 늘어나요. 대규모 경찰력 투입은 실제 필요한 순간 **치안 공백**을 낳을 수 있다는 우려도 있어요.

현행법상 불특정 다수의 생명이나 신체에 위해를 가하겠다고 협박하면 '공중협박죄'로 5년 이하 징역이나 2,000만 원 이하 벌금에 처해요. 구체적 위협이 없어도 허위 글로 공무를 방해하면 '위계에 의한 공무집행방해죄'가 적용돼요. 전문가들은 이런 사건이 모방 범죄로 이어질 수 있어 처벌을 강화해야 한다고 지적하고 있어요.

어휘 쏙쏙

- **영업 손실**: 가게나 기업이 영업을 정상적으로 하지 못해 매출이 감소하는 것.
- **공공 자원**: 모두가 함께 사용하는 자원. 경찰과 소방 인력, 도로, 공공시설 등이 포함됨.
- **치안 공백**: 경찰 인력·장비 부족으로 사회 질서 유지와 범죄 예방이 어려운 상황.

The 똑똑하게 신문 읽기

테러 허위 협박 사건이 증가하면 우리 사회에 어떤 영향을 줄까요?

쏙쏙 경제 심화 학습

'유람선에 폭탄이 있다!' 19세 협박범 징역 8개월

해외 허위 협박 사례	처벌 내용
미국 미시간 크루즈 선박 폭탄 협박(2024)	징역 8개월, 2년 보호 관찰, 수사 경비 전액 및 벌금
영국 버밍엄 경찰서 폭탄 협박(2021)	징역 15개월
미국 시애틀 항공기 내 폭탄 협박(2019)	징역 22개월, 벌금
이스라엘 유대인 대상 폭탄 협박(2015)	징역 10년
호주 시드니 목걸이 폭탄 협박(2011)	징역 13년 6개월

지난해 1월, 미시간주에 사는 19세 청년 조슈아 로우(Joshua Lowe)는 크루즈 여행에 자신이 제외된 데 분노했어요. 그는 크루즈 선박을 운영하는 회사에 '선상에 폭탄이 설치돼 있다'라는 허위 이메일 협박을 보냈어요. 이로 인해 미 해안경비대와 자메이카 경찰이 출동했고, 1,000개 이상의 선실을 수색해야 했어요.
연방 법원은 이를 심각한 위협으로 판단해 로우에게 징역 8개월, 수사 경비 전액 배상, 2년 보호관찰, 벌금 1,200달러(약 160만 원)를 선고했어요. 만약 공항이나 학교처럼 더 민감한 시설이었다면, 훨씬 더 무거운 형이 선고됐을 가능성이 높아요.

메타인지가 쏙쏙

다음 중 '공중협박죄'에 해당될 수 있는 사람은 누구일까요?
① 친구에게 다른 사람인 척 장난 전화를 건 A 씨
② 지하철역에 폭탄을 설치했다고 협박한 B 씨
③ 개인 SNS에 허위 투자 광고를 올린 C 씨
④ 유통기한이 지난 음식을 판매한 D 씨

정답: ②

007 가게 리뷰가 대출에도 도움이 된다고요?

가게 사장님들이 은행에서 돈을 빌리려면 '**신용**평가'를 받아야 해요. 이는 돈을 잘 갚을 수 있을지를 따져보는 평가예요. 그런데 지금까지는 가게 **운영**에 필요한 서류가 부족해, 아무리 열심히 장사해도 **대출**을 받기 어려운 경우가 많았어요.

출처: 셔터스톡

그래서 정부와 한국신용정보원이 힘을 모아 새로운 '신용평가 방법'을 만들고 있어요. 이 방법은 '소상공인 전용 **신용평가모형(SCB)**'이라고 해요. 이 모형은 가게가 얼마나 오래됐는지, 손님들의 리뷰나 별점은 어떤지 등도 함께 살펴봐요.

예를 들어 우리 동네에 '해바라기 분식'이라는 분식집이 있다고 해요. 10년 넘게 장사하며 주민들에게 인기 많은 맛집이에요. 그런데 세금 신고서 같은 서류가 부족해서 그동안은 대출을 받기 어려웠대요.

하지만 새 모형이 도입되면, 오랫동안 잘 운영해 온 점과 손님들이 남긴 좋은 리뷰도 평가에 반영돼요. 덕분에 '해바라기 분식'도 대출 기회가 더 많아지는 거예요. 이렇게 되면 사장님들은 가게를 더 멋지게 꾸미거나 새로운 메뉴를 개발하는 데 돈을 쓸 수 있어요. 그러면 우리도 더 맛있고 좋은 서비스를 받을 수 있어요.

 어휘 쏙쏙

- **신용**: 서로를 믿고 돈이나 물건을 맡기거나 빌릴 수 있는 믿음.
- **운영**: 조직이나 기구를 관리하고 이끌어 가는 것.
- **대출**: 은행이나 기관에서 돈을 빌리는 것.
- **신용평가모형**: 돈을 잘 갚을 수 있는지 판단하려고 신용등급, 수입 등 여러 정보를 분석하는 기준.

The 똑똑하게 신문 읽기

고객 리뷰나 평점 정보를 신용평가에 포함시키면 어떤 장점과 주의할 점이 있을까요?

쏙쏙 경제 심화 학습

340만 소상공인, 전통 신용평가모형에 불리한 이유?

출처: 셔터스톡

우리나라에는 약 340만 개의 소상공인 가게가 있어요. 전체 자영업자의 85%를 차지할 만큼 많은 숫자예요. 하지만 많은 사장님들이 은행 대출을 받기 어려워요. 대출을 받으려면 보통 '신용평가'를 통과해야 하는데, 담보 재산이 있는지, 재무제표 같은 서류가 갖춰졌는지, 매출 기록이 있는지를 따져보기 때문이에요.

그런데 작은 가게들은 이런 자료가 부족해 심사에서 자주 탈락하곤 했어요. 그래서 정부는 서류나 담보가 부족한 가게도 대출받을 수 있도록, 리뷰나 운영 기간 등을 반영한 새로운 신용평가모형(SCB)을 만들고 있어요.

메타인지가 쏙쏙

새로운 소상공인 전용 신용평가모형에서 평가 요소로 포함되는 것은 무엇일까요?
① 가게 이름
② 가게 영업시간
③ 가게 운영 기간
④ 가게 홍보 방안

정답: ③

008
한국 주식시장이 힘을 내고 있어요! 코스피 3,000 시대

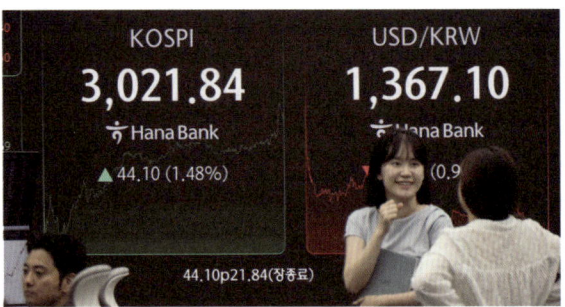

출처: 매일경제신문

우리나라를 대표하는 주식 시장인 코스피가 3년 6개월 만에 다시 3,000을 넘어서며 많은 관심을 받고 있어요. 코스피는 여러 회사가 모여 주식을 사고파는 시장인데, 이 숫자가 높을수록 국내 기업들의 가치를 좋게 본다는 뜻이에요.

이번 **상승**은 외국에서 우리나라에 투자를 많이 하고, 국내 **금융기관**들도 적극적으로 주식을 사들였기 때문이에요. 6월 20일 코스피는 전날보다 44.1포인트(1.48%) 올라 3,021.84로 마감했어요. 이는 많은 투자자들이 한국 경제와 기업이 성장할 거라 믿고 있다는 신호예요.

사실 코스피는 지난 몇 년 동안 쉽지 않은 시기를 보냈어요. 2021년에는 3,000선을 넘었지만, 반도체 **경기**가 나빠지고 미국 금리 인상 영향으로 한때 2,100대까지 떨어지기도 했어요. 그런데 올해 다시 크게 오르며 전 세계 주요 주식시장 가운데 가장 높은 상승률(24.1%)을 기록했어요. 미국, 중국, 독일보다도 좋은 성적이에요. 아직 기업들의 실적이 크게 좋아진 건 아니라 잠시 쉬어갈 수도 있다고 전문가들은 말해요. 그래도 우리 경제가 세계에서 긍정적인 평가를 받고 있다는 건 분명해요.

어휘 쏙쏙

- **상승**: 낮은 데서 위로 올라감.
- **금융기관**: 개인 투자자에 대비되는 개념으로 증권회사, 보험사 등 큰 규모의 자금을 운용하는 곳.
- **경기**: 매매나 거래에 나타나는 호황·불황과 같은 경제 활동 상태.

The 똑똑하게 신문 읽기

코스피 상승이 우리 경제에 주는 의미를 적어 보세요.

쏙쏙 경제 심화 학습

우리나라의 주식시장

코스피(KOSPI)란?

코스피는 '한국 종합 주가 지수'를 뜻해요. 우리나라에서 가장 규모가 큰 회사들, 예를 들면 삼성전자, 현대자동차, SK하이닉스 같은 기업들이 주식

코스피 KOSPI	3169.94	전일대비	40.87 ▼ (-1.27%)
코스닥 KOSDAQ	812.97	전일대비	8.72 ▼ (-1.06%)

을 사고파는 곳이에요. 학교로 비유하면 전교생이 모두 모여 있는 커다란 운동장 같다고 할 수 있어요. 이 시장에 있는 회사들의 주식값이 전부 얼마나 되는지를 하나의 숫자로 나타낸 것이 바로 코스피 지수예요.

코스닥(KOSDAQ)이란?

코스닥은 코스피보다 조금 더 작은 규모의 회사들, 특히 새롭게 자라는 회사들이 모여 있는 시장이에요. 학교로 치면 한 반이나 동아리 모임처럼, 작지만 열심히 꿈을 키우는 친구들이 모여 있는 곳이지요. 이곳에는 기술력 있는 벤처 기업도 많고, 주식 거래도 활발하게 이루어져요. 코스닥은 미래의 큰 기업으로 성장할 수 있는 회사들이 시작하는 출발선 같은 곳이에요.

메타인지가 쑥쑥

기사글을 살펴보고 '사실'과 '의견'을 구분해 보세요.

코스피가 3년 6개월 만에 3000을 넘었다.	사실 / 의견
코스피란 여러 기업이 모여 주식을 사고파는 시장이다.	사실 / 의견
한국 시장이 어디까지 성장할지 기대해 볼만한 소식이에요.	사실 / 의견

정답: 사실, 사실, 의견

Part 3. 나라

경제가 불안하다고 느끼면 사람들은 왜 금을 살까요?

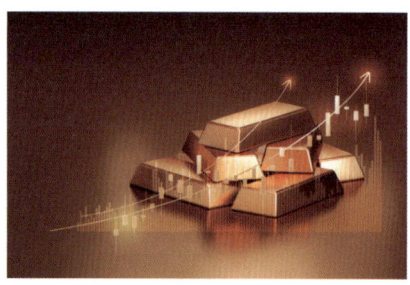

출처: 셔터스톡

요즘처럼 경제가 불안하거나 물가가 계속 오를 때(**물가 상승**), 많은 사람들이 '금'을 찾는다고 해요. 금은 반짝이는 액세서리일 뿐이 아니라 '안전자산'으로도 유명하답니다. 안전자산이란, 경제 상황이 나빠져도 가격이 크게 떨어지지 않는 자산을 말해요. 주식이나 비트코인은 값이 자주 오르내리는 **변동성**이 크지만, 금은 예로부터 귀하고 믿을 수 있는 자산으로 여겨졌어요. 게다가 금은 전 세계 어디서나 비슷한 가치를 가지기 때문에, 세계 여러 나라에서 금을 돈처럼 생각하기도 해요.

최근에는 나라 사이의 무역 갈등이 생기거나, 물가가 자꾸 올라서 걱정하는 사람들이 많아졌어요. 그래서 사람들은 '혹시 더 큰 위기가 올까 봐'라는 마음으로 금을 사들이고 있대요.

그런데 금은 지구에 있는 양이 **한정**되어 있어요. 금을 사고 싶은 사람이 많아지면 (수요 증가), 금이 귀해지기 때문에 가격도 자연스럽게 올라가요.

하지만 금값이 언제든지 오르기만 하는 건 아니에요. 세상의 경제 상황이 좋아지면 다시 내려갈 수도 있거든요. 그래서 전문가들은 많은 돈을 한꺼번에 투자하기보다는 적절한 시점과 방법을 신중하게 고민하는 것이 좋다고 조언하고 있어요.

어휘 쏙쏙

- **물가 상승**: 여러 가지 재화의 평균적인 가격이 올라감.
- **변동성**: 가격이나 상황이 자주 오르내리는 성질.
- **한정**: 수량이나 범위 따위를 제한하여 정함. 또는 그런 한도.

The 똑똑하게 신문 읽기

경제가 불안하면 많은 사람들이 왜 돈 대신 금을 믿을까요?

 쏙쏙 경제 심화 학습

금에 투자하는 방법은 어떤 것들이 있을까?

실물 금

금 통장

ETF 같은 주식형 금

금에 투자하는 방법은 생각보다 다양해요. 가장 쉽게 떠오르는 건 진짜 금을 직접 사서 보관하는 방법이에요. 하지만 요즘은 꼭 금덩이를 사지 않아도 돼요. '금 통장'에 가입하면, 돈처럼 금을 사고팔 수 있어요. 또 'ETF'라는 상품을 통해 금에 투자할 수도 있어요. ETF는 여러 자산을 한데 모아 주식처럼 사고팔 수 있게 만든 투자 방법이에요. 이렇게 다양한 방법으로 금에 투자할 수 있어서, 자신에게 잘 맞는 방법을 골라보는 게 중요해요.

메타인지가 쏙쏙

경미는 어렸을 때 외할머니께서 선물로 10돈짜리 금목걸이를 주셨어요. 요즘 금 1g 가격은 약 14만 원이라고 하는데 금목걸이는 지금 시세로 얼마일까요?
(우리나라에서 금을 잴 때 자주 쓰는 단위인 '1돈'은 약 3.75g)

① 10돈은 몇 g일까요?

② 그렇다면 경미가 받은 목걸이의 현재 시세는 얼마일까요?

정답: ① 37.5g ② 5,250,000원

010

13만 개나 되는 특허를 가진 기업은 어디일까요?

우리나라에서 처음으로 등록된 특허는 1909년, 정인호 선생님의 '말총 모자'예요. 독립운동가였던 정 선생님은 이 발명으로 번 돈을 독립운동 자금으로 썼다고 해요. 정말 의미 있는 발명이었죠.

그렇다면 지금은 어떤 기업이 **특허권**을 많이 갖고 있을까요? 바로 삼성전자예요! 지금까지 등록한 특허가 13만 건이 넘고 2024년 한 해에만 새로 낸 특허가 5천 건이 넘어요. 스마트폰, 반도체, 전기차 부품 등 똑똑한 기술이 많기 때문이죠. 그다음으로는 LG전자, 현대자동차, SK하이닉스 같은 회사들도 특허를 많이 갖고 있어요.

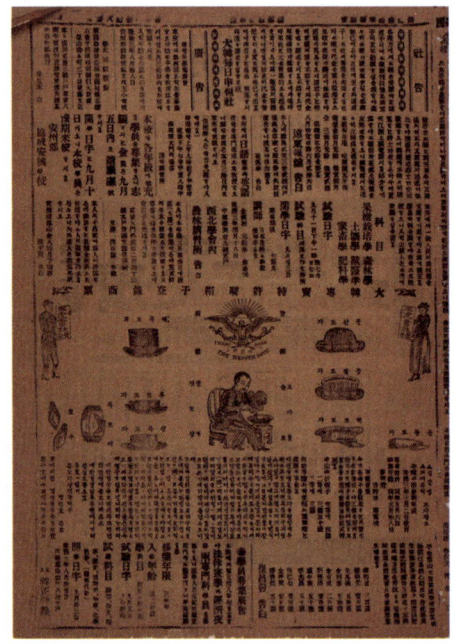

대한매일신보에 실린 말총 모자 광고   출처: 특허청

특허권만큼 **상표권**도 중요해요. 우리나라에서 상표를 가장 많이 등록한 회사는 아모레퍼시픽이에요. '설화수', '헤라'처럼 유명한 화장품 브랜드가 많아요. LG생활건강, CJ도 다양한 상표를 등록하고 있어요. 상표권은 브랜드 이름을 보호하는 권리이기 때문에, 소비자와의 신뢰를 지키는 데 꼭 필요하답니다.

그런데 전문가들은 개수보다 더 중요한 게 있다고 말해요. 바로 '질 좋은 특허'예요. 실제로 등록된 특허 중 일부는 나중에 무효가 되기도 해서, 꼼꼼한 심사와 실용성 있는 기술이 더 중요하다고 해요.

어휘 쏙쏙

- **특허권**: 새로 발명한 것에 대한 여러 권리를 독점할 수 있는 권리.
- **상표권**: 어떤 상표를 독점적으로 사용할 수 있는 권리.

The 똑똑하게 신문 읽기

전문가들이 특허의 '개수'보다 더 중요하다고 말한 것은 무엇인가요?

 쏙쏙 경제 심화 학습

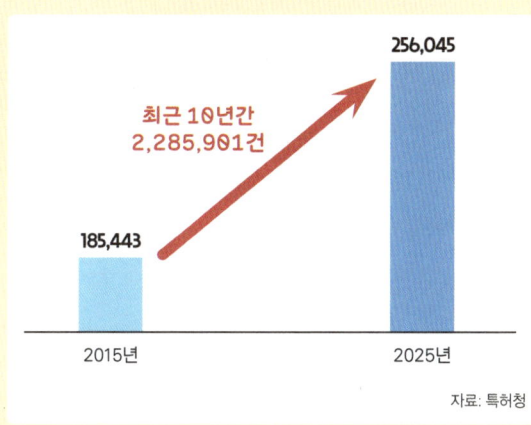

상표권은 무엇인가요?

최근 10년간 2,285,901건

185,443 (2015년) → 256,045 (2025년)

자료: 특허청

상표권은 이름, 로고, 그림처럼 물건이나 서비스를 다른 것과 구별할 수 있게 해주는 권리예요. 예를 들어, 가게 이름이나 상품 이름을 먼저 등록해 두면, 다른 사람이 그 이름을 함부로 쓰지 못하게 할 수 있어요. 상표권이 있으면 자신이 만든 이름이나 표시를 보호할 수 있어서, 물건을 팔거나 광고할 때 안전하게 사용할 수 있어요. 누가 먼저 등록하느냐에 따라 그 이름을 쓸 수 있는 권리가 달라지기 때문에, 미리 등록해 두는 것이 중요해요.

메타인지가 쏙쏙

누군가 힘들게 발명한 물건이나, 오랫동안 만들어온 브랜드 이름을 다른 사람이 마음대로 따라 하면 왜 안 될까요?

① 왜 발명품(특허)을 지켜줘야 할까요?

② 왜 브랜드 이름(상표)을 지켜줘야 할까요?

011
우리나라 14개 지방공항 중 11곳이 적자라고요?

출처: 울산시

우리나라에는 인천, 김포, 김해, 제주 공항 외에도 여러 지방공항이 있어요. 그런데 이 중에서 돈을 버는 공항은 딱 세 곳뿐이에요. 제주공항, 김포공항, 김해공항이 바로 그 세 곳이고, 무안, 원주, 양양, 울산 같은 나머지 11개 공항은 매년 큰 **적자**를 내고 있어요. 어떤 공항은 1년에 200억 원 넘게 손해를 보기도 한답니다.

적자가 나는 가장 큰 이유는 이용객이 너무 적기 때문이에요. 비행기 **노선**도 부족하고, 공항 수는 많은데 서로 역할을 나누지 못하다 보니 제대로 운영되기 힘든 거예요. 이렇게 돈을 벌지 못하는 공항이 많아지면 시설을 유지하거나 안전을 지키는 것도 점점 어려워져요. 실제로 무안공항에서는 비행기 사고도 있었는데, 이런 안전 문제가 더 커질 수 있다는 걱정도 있어요.

정부와 한국공항공사는 이런 상황을 해결하기 위해 공항마다 똑같은 일을 하는 게 아니라, 각자 다른 역할을 맡게 하겠다고 했어요. 어떤 공항은 **물류** 중심, 어떤 공항은 관광 중심, 또 어떤 공항은 미래 항공 기술을 실험하는 곳으로 만드는 거예요. 또 저가 항공이나 소형 비즈니스 전용기처럼 새로운 이용자들을 **유치**할 아이디어도 찾고 있어요.

어휘 쏙쏙

- **적자**: 지출이 수입보다 많아서 생기는 손해.
- **노선**: 버스나 기차, 항공기 따위가 일정하게 오가는 두 지점 사이의 정해진 길.
- **물류**: 생산자와 소비자 사이에서 상품이 이동하는 모든 과정.
- **유치**: 행사나 사업 따위를 이끌어 들임.

The 똑똑하게 신문 읽기

정부와 한국 공항 공사는 문제 해결을 위해 어떤 정책을 내놓았나요?

쏙쏙 경제 심화 학습

흑자와 적자는 무엇인가요?

수입 > 지출
흑자

수입 < 지출
적자

흑자라는 벌어들인 돈(수입)이 쓴 돈(지출)보다 더 많을 때를 말해요. '남는 돈이 있다'라는 뜻이에요. 반대로 적자는 쓴 돈(지출)이 번 돈(수입)보다 더 많을 때를 말해요. '손해를 봤다'라는 상태죠. 실제로 옛날에 장사하던 사람들이 이익을 얻으면 검은색(흑자), 손해를 보면 붉은색(적자) 글자로 장부에 기록해 놓은 데서 유래했다고 해요.

메타인지가 쏙쏙

친구들과 알뜰시장을 열기로 했어요. 나는 레모네이드를 만들어 팔려고 해요. 적자를 보지 않으려면 레모네이드를 최소 얼마에 팔아야 할까요?

레몬	20개	10,000원
생수	20개	10,000원
일회용 컵	20개	4,000원
빨대	20개	1,000원

* 레모네이드 1잔 만들 때 필요한 것: 레몬 1개, 생수 1개, 일회용 컵 1개, 빨대 1개

정답: 1,250원

싱글 페널티 때문에 혼자 사는 사람들이 불만이 많아요

혼자 사는 사람이 점점 많아지고 있어요. 예전에는 가족이나 친구와 함께 사는 게 익숙했지만, 요즘은 혼자 사는 것도 자연스러운 생활 방식이 되었지요.

하지만 혼자 사는 사람들은 세금이나 사회보험료를 더 많이 내야 해 불만이 많아요. OECD(경제협력개발기구)에 따르면, 자녀 없이 혼자 사는 사람은 소득의 16.3%를 세금·연금·건강보험료로 내고, 혼자 벌어 자녀 둘을 키우는 가정은 3.9%만 부담한대요. 몇 년 전만 해도 이 차이는 4% 정도였는데, 지금은 12% 넘게 벌어졌어요.

왜 이런 차이가 생겼을까요? 그 이유는 정부가 출산율을 높이기 위해 아이 있는 가정에 주는 혜택을 늘렸기 때문이에요. 출산 지원금과 부모 **급여**가 오르면서 아이 있는 집은 현금 지원을 받고 세금 부담도 줄었어요. 반면에, 혼자 사는 사람은 이런 혜택이 없어요. 어떤 1인 가구는 '아이를 낳지 않는 게 죄인가요?'라며 속상해했어요. 이렇게 혼자 사는 사람에게 불리한 점을 '싱글 페널티'라고 해요.

물론 아이를 낳고 키우는 가정을 돕는 건 중요해요. 하지만 요즘처럼 다양한 가족 형태가 생기는 시대에는 한쪽만을 위한 혜택이 다른 사람들은 **역차별**이라고 느껴질 수 있어요. 전문가들은 앞으로는 혼자 사는 사람이나 자녀가 많은 가정 모두를 고려한 정책이 필요하다고 말해요.

 어휘 쏙쏙

- **급여**: 돈이나 물품 따위를 줌.
- **역차별**: 부당한 차별을 받는 대상을 보호하기 위한 제도나 방침 때문에 도리어 반대편이 차별을 당하게 되는 경우.

The 똑똑하게 신문 읽기

1인 가구의 세금 부담이 커진 이유는 무엇 때문인가요?

쏙쏙 경제 심화 학습

나 혼자 사는 1인 가구가 1,000만 명을 돌파했어요

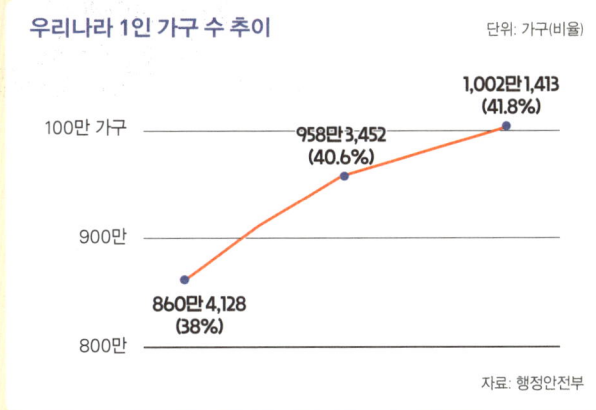

2024년, 우리나라에서 혼자 사는 사람이 1,000만 명을 넘었어요. 우리나라 전체 가구 수가 약 2,400만 가구니까, 5가구 중 2가구는 '나 혼자 사는' 가구인 셈이에요.

왜 이렇게 1인 가구가 많아졌을까요? 예전보다 결혼을 늦게 하거나 아예 하지 않는 사람들이 많아졌고, 나이 든 어르신들이 늘어난 것도 큰 이유예요. 연령별로 보면, 60대가 185만 가구로 가장 많았고, 그다음이 30대 168만 가구였어요. 젊은 세대와 어르신 모두 혼자 사는 사람이 많아지고 있다는 뜻이지요.

메타인지가 쏙쏙

기사의 내용을 읽고 맞으면 O, 틀리면 X 하세요.

① 혼자 사는 사람은 소득의 16.3%를 세금과 사회보험료로 낸다. (   )
② 자녀 둘이 있는 외벌이 가정은 소득의 8%를 세금으로 낸다. (   )
③ 최근 1인 가구와 자녀가 있는 가구의 세금 차이는 12% 넘게 벌어졌다. (   )
④ 혼자 사는 사람이 받는 지원금은 최근 2년간 두 배로 늘었다. (   )

정답: O, X, O, X

부산에서 세계문화유산의 미래를 함께 이야기해요

2026년 여름, **유네스코 세계유산 등재**를 결정하는 큰 국제회의가 부산에서 열려요. 유네스코 세계유산위원회는 15일(현지 시간) 프랑스 파리 본부에서 회의를 열고, 2026년 7월 열릴 제48차 세계유산위원회 개최지를 부산으로 정했어요.

출처: 국가유산청

한국이 이 회의를 여는 건 처음이에요. 아시아에서는 지금까지 태국, 일본, 중국, 캄보디아, 인도 등에서 열렸어요. 세계유산위원회에는 전 세계 196개 나라 대표단과 유네스코 사무총장, 학자, 비정부기구 등 약 3,000명이 모여요. 이번 행사는 우리나라에 약 627억 원의 경제 효과를 가져올 것으로 예상돼요. 문화유산 전문가들과 부산시는 'K컬처 영향력과 국제 **위상**을 높일 좋은 기회'라며 기뻐했어요.

국가유산청장은 부산에서 회의를 개최하게 된 것을 영광으로 여기며, 올해가 우리나라 세계유산 첫 등재 30주년이 되는 뜻깊은 해라고 강조했어요. 부산시장은 이번 결정이 대한민국과 부산의 국제적 위상을 높이는 성과라며, 세계유산의 가치를 알리고 문화 다양성·평화·지속가능성을 실현하는 행사로 준비하겠다고 밝혔어요. 한국은 1995년 석굴암·불국사, 해인사 장경판전, 종묘를 시작으로 최근 반구천 암각화까지 총 17건의 세계유산을 보유하고 있어요.

어휘 쏙쏙

- **유네스코(UNESCO)**: '유엔 교육·과학·문화 기구'라는 국제단체로, 세계의 교육·과학·문화 발전과 평화를 위해 활동함.
- **세계유산**: 전 세계에서 특별히 소중하고 지켜야 할 문화재나 자연경관.
- **등재**: 명단이나 목록에 이름을 올리는 것.
- **위상**: 어떤 사물이 다른 사물과의 관계 속에서 가지는 위치나 상태.

The 똑똑하게 신문 읽기

대한민국이 보유하고 있는 세계유산에는 무엇이 있나요?

 쏙쏙 경제 심화 학습

세계적 행사 유치의 경제적 가치는?

참가자의 직접 지출 증가	약 3,000명의 참가자가 머무는 동안 숙박, 식사, 교통, 쇼핑, 관광 등에 많은 돈을 쓰게 돼요.
지역 산업과 서비스 활성화	행사 준비를 위해 행사장 설치, 홍보, 통역, 관광 프로그램, 문화 행사 등 다양한 서비스가 필요해요. 이 과정에서 관련 업체들이 일감을 얻고, 지역 상권도 활기를 띠게 돼요.
관광 활성화	국제 행사를 계기로 부산과 대한민국의 도시 브랜드 가치가 높아져, 앞으로 더 많은 관광객과 투자자를 끌어올 수 있어요.
국제 홍보 효과	전 세계 언론에 부산이 소개되면서, 도시의 국제적 위상도 함께 높아집니다.

세계유산위원회처럼 규모가 큰 국제행사가 한 도시에서 열리면, 그 도시는 여러 가지 경제적 이익을 얻을 수 있어요.

 메타인지가 쏙쏙

다음 중 세계유산위원회 같은 큰 국제행사가 한 도시에서 열릴 때 얻기 어려운 효과는 무엇일까요?

① 숙박·식사·교통·쇼핑 등에서 쓰는 돈이 늘어난다.
② 행사 준비로 지역 업체들이 일감을 얻는다.
③ 도시의 국제적 위상이 높아진다.
④ 해당 도시의 인구가 갑자기 두 배로 늘어난다.

㉠ : 정답

운전석에 사람이 없다!
인공지능 로보택시 출발

001

미국의 전기차 회사 테슬라가 드디어 사람이 운전하지 않아도 스스로 움직이는 로보택시를 선보였어요. 운전석에 운전대도, 심지어 사람이 앉는 자리도 없어요. 대신 인공지능과 카메라, 컴퓨터가 자동차를 대신 운전하지요.

출처: 테슬라

이 로보택시는 미국 텍사스주 오스틴이라는 도시에서 처음으로 **시범** 운행을 시작했어요. 지금은 10대의 로보택시가 실제 도로 위를 달리고 있어요. 손님이 스마트폰 앱으로 택시를 부르면, 로보택시가 직접 그 사람이 있는 곳으로 와서 원하는 장소까지 태워다줘요. 사람 없이도 스스로 길을 찾고, 신호등과 보행자도 알아서 인식해요.

로보택시는 전기로 달리기 때문에 매연이 없고, 운전기사가 없어도 하루 24시간 내내 운행할 수 있다는 장점이 있어요. 테슬라는 이 로보택시를 통해 앞으로는 굳이 자동차를 사지 않아도 언제든 필요할 때 스마트폰으로 차를 불러 이용하는 '미래형 교통 사회'를 만들고 싶어 해요. 이제는 자동차를 '소유'하는 시대에서 **'구독'**하고 **'공유'**하는 시대로 바뀌고 있는 거예요.

물론 아직 완벽하진 않아요. 어떤 로보택시는 길을 잘못 들거나 속도를 너무 빨리 내기도 해요. 그래서 테슬라와 기술자들은 이런 문제를 하나씩 고쳐가며, 더 안전하고 똑똑한 로보택시를 만들기 위해 계속 연구하고 있어요.

어휘 쏙쏙

- **시범**: 어떤 일이나 기술을 처음으로 보여주어 본보기로 삼는 것.
- **구독**: 특정 콘텐츠나 서비스를 일정 기간 이용할 수 있도록 돈을 지불하고 신청하는 것.
- **공유**: 어떤 것을 함께 나누어 가지거나 사용하는 것.

The 똑똑하게 신문 읽기

로보택시의 장점은 무엇인가요?

 쏙쏙 경제 심화 학습

구독 경제는 '취향 소비'

구독은 정기적으로 일정한 요금을 내고 제품과 서비스를 이용하는 것을 말해요. 글로벌 투자은행 UBS는 구독경제 시장이 매년 18%씩 성장해 2025년에는 1조 5,000억 달러 규모로 커질 것으로 전망했어요.

예전에는 신문이나 잡지를 주로 구독했지만, 요즘은 훨씬 다양한 것들을 구독할 수 있어요. 넷플릭스 같은 OTT, 정수기나 공기청정기 같은 렌털형 제품, 냉장고나 텔레비전 같은 가전제품도 구독으로 이용할 수 있지요. 심지어 집이나 자동차, 침대까지 구독할 수 있는 서비스도 나왔어요. 이처럼 구독은 단순히 물건을 소유하기보다, 나에게 맞는 것을 경험해 보고 싶은 '취향 소비'로 자리 잡고 있어요. 비싼 물건도 구독을 통해 비교적 저렴하게 써볼 수 있기 때문이에요.

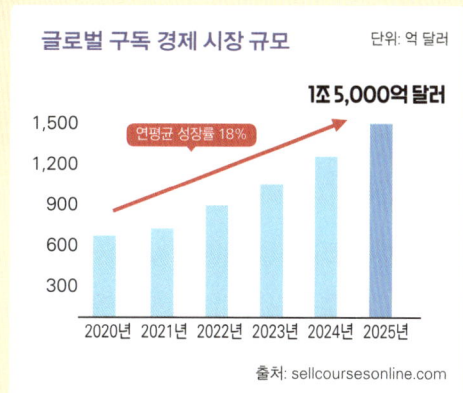

 메타인지가 쏙쏙

나만의 구독 서비스를 만들어 볼까요?

회사 이름	어떤 서비스를 운영하나요?	한 달 구독료

미국 도로가 깜짝! 자동차가 공중 점프한 사연

미국 중서부와 동부에 엄청난 폭염이 닥쳐 사람들의 일상은 물론 경제에도 큰 영향을 주고 있어요. 미주리주에서는 뜨거운 아스팔트가 부풀어 올라 차가 공중으로 튀는 장면까지 포착됐어요.

이번 폭염은 '열돔' 현상 때문이에요. 열돔은 뜨거운 공기 덩어리가 하늘을 덮어서, 땅의 열이 빠져나가지 못하게 만드는 현상이에요. 그 결과 워싱턴DC, 필라델피아, 애틀랜타 같은 도시들에서는 기온이 섭씨 38도를 넘었고, 뉴욕 맨해튼은 37도를 기록하며 100년 만에 가장 더운 날이라는 기록도 세웠어요.

이런 더위는 사람들뿐 아니라 도시의 시설들도 힘들게 만들어요. 에어컨이 꺼진 열차가 터널에 멈춰 승객들이 더운 열차 안에 갇히기도 했고 냉방 **과부하**로 일부 시설 출입이 제한되기도 했어요. 도시의 여러 시스템, 즉 **인프라**도 폭염으로 위협받고 있는 거예요.

폭염은 경제에도 큰 타격을 줘요. 공장이나 회사의 생산이 멈추거나 늦어지고, 트럭이나 기차로 물건을 나르는 물류에도 차질이 생기고 있어요. 이런 비용은 기업과 정부 모두에게 부담이 되고 있어요.

전문가들은 기후 변화로 폭염이 점점 일상화되고 있다며, 이로 인한 경제적 손실도 계속 커질 수 있다고 경고하고 있어요.

어휘 쏙쏙

- **열돔(Heat Dome)**: 뜨거운 공기 덩어리가 하늘을 덮어, 땅의 열이 빠져나가지 못하게 하는 현상.
- **과부하**: 기계나 시설에 너무 많은 힘이나 일을 시켜서 제대로 작동하지 못하는 상태.
- **인프라**: 사람들이 도시에서 편리하고 안전하게 살기 위해 꼭 필요한 기본 시설과 시스템.

The 똑똑하게 신문 읽기

미국은 기록적인 폭염으로 인해 어떤 경제적 피해를 겪고 있나요?

 쏙쏙 경제 심화 학습

기후 위기로 인한 경제 피해액

우리나라는 최근 폭염, 태풍, 홍수 같은 기후 위기로 큰 경제적 피해를 입었어요. 2013년부터 2023년까지, 이런 피해와 복구에 쓴 돈이 무려 약 16조 원이나 된다고 해요. 이 중 실제 피해 금액은 약 4조 8천억 원, 복구 비용은 약 11조 8천억 원에 달했어요. 특히 기온이 높았던 해일수록 피해 규모가 더 컸어요.

예를 들어, 2020년엔 폭우와 태풍으로 도로, 집, 농작물 등이 크게 망가져 약 5조 5천억 원 넘는 피해가 발생했어요. 이렇게 큰 재해가 반복되면, 나라의 예산이 줄고 다른 꼭 필요한 곳에 써야 할 돈도 부족해질 수 있어요.

연도	온도 상승	피해액 (원)	복구액 (원)	경제 피해액 (원)
2013	+0.68도	1,598억	3,820억	5,418억
2014	+0.74도	1,475억	4,759억	6,234억
2015	+0.90도	146억	300억	447억
2016	+1.15도	2,059억	5,417억	7,926억
2017	+0.92도	1,246억	3,189억	4,204억
2018	+0.93도	1,244억	4,340억	5,584억
2019	+0.98도	4,039억	14,501억	18,545억
2020	+1.01도	13,179억	11,014억	54,793억
2021	+0.95도	9,761억	2,957억	3,577억
2022	+0.95도	8,027억	20,596억	28,608억
2023	+1.17도	7,645억	11,706억	19,344억
합계	–	40,484억	118,284억	158,768억

출처: 기후솔루션

 메타인지가 쏙쏙

같은 날씨인데도 도시가 시골보다 더 더운 이유는 무엇일까요?
① 도시 사람들은 더위를 잘 느끼기 때문이에요
② 도시에는 나무가 많아서 햇빛을 가리지 못해요
③ 도시에는 건물과 아스팔트가 많아서 열을 더 많이 흡수해요
④ 시골에는 비가 자주 와서 날씨가 시원해요

정답: ③

전쟁 중인 러시아, 제주 감귤을 왜 이렇게 많이 살까?

출처: 셔터스톡

요즘 제주에서 키운 감귤이 다른 나라로 많이 수출되고 있어요. 그중에서도 가장 많이 사 가는 나라가 전쟁 중인 러시아라고 해요.

작년 한 해 동안 제주 감귤이 3,347톤이나 해외로 나갔는데, 그중 절반이 넘는 1,775톤을 러시아가 사 갔어요. 러시아는 2022년 2월부터 우크라이나와 전쟁 중이지만, 오히려 최근 3년 동안 제주 감귤 **교역** 규모를 점점 늘리고 있어요. 2019년에는 687톤을 수입했는데, 올해는 두 배 이상 늘어난 거예요.

러시아 사람들이 제주 감귤을 좋아하는 이유는 여러 가지가 있어요. 먼저 러시아와 제주가 가까워서 배로 운반해도 **신선도**가 높다는 점이에요. 또 중국에서 오는 감귤보다 맛과 품질도 더 좋다고 해요.

제주 감귤 지원단장은 앞으로 전쟁이 끝나면 우리 감귤이 러시아로 더 많이 수출될 거라고 **전망**하고 있어요. 제주에서 키운 맛있는 감귤이 세계 여러 나라 사람의 식탁에 오르는 모습은 정말 놀랍고 자랑스러운 일이에요.

어휘 쏙쏙

- **교역**: 국내의 상품이나 기술을 외국으로 팔아 내보냄.
- **신선도**: 음식이 얼마나 싱싱한지를 나타내는 정도.
- **전망**: 앞날을 헤아려 내다봄. 또는 내다보이는 장래의 상황.

The 똑똑하게 신문 읽기

러시아 사람들이 제주 감귤을 많이 찾는 이유는 무엇인가요?

 쏙쏙 경제 심화 학습

가격은 어떻게 결정이 되나요?

우리가 어떤 물건을 살 때 그 물건의 가격은 보통 '수요와 공급'이라는 경제 원리에 따라 정해져요. 사고 싶은 사람의 마음(수요)과 팔고 싶은 사람의 마음(공급)이 딱 만나는 지점을 '균형점'이라고 해요. 그리고 이 균형점에서 정해지는 가격을 '균형 가격' 또는 '시장 가격'이라고 불러요.

수요(파란색 선) : 사람들이 어떤 물건을 얼마나 사고 싶어 하는지를 나타내요. 가격이 비쌀수록 사고 싶은 사람이 줄어들어요.

공급(빨간색 선) : 판매자가 그 물건을 얼마나 팔고 싶어 하는지를 보여줘요. 가격이 비쌀수록 팔고 싶은 사람이 많아져요.

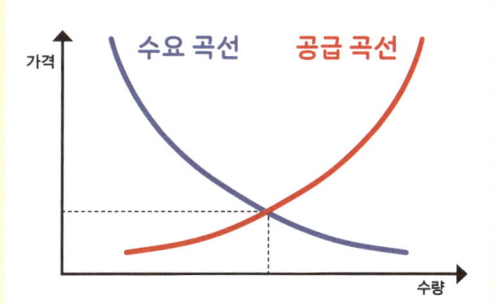

 메타인지가 쑥쑥

다음을 보고 맞는 말에 O, 틀린 말에 X를 해 보세요.

① 수요 곡선은 가격이 높아지면 사람들이 물건을 덜 사려고 한다는 걸 보여줘요. ( )
② 공급 곡선은 가격이 오를수록 물건을 팔려는 사람이 많아진다는 걸 나타내요. ( )
③ 수요 곡선과 공급 곡선이 만나는 지점을 '균형점'이라고 해요. 이곳에서 물건의 가격과 수량이 결정돼요. ( )
④ 제주 감귤이 러시아에서 인기를 끄는 이유 중 하나는, 거리가 가까워서 감귤이 더 싱싱하게 도착하기 때문이에요. ( )

정답 : O, O, O, O

일본 쌀이 부족하자 한국산 쌀이 인기

한국 쌀이 35년 만에 일본으로 수출되었어요. 그동안 한국은 주로 쌀을 수입해 왔는데, 이번에는 일본에 쌀을 파는 나라가 된 거예요.

일본은 예전부터 밥을 먹는 사람이 줄면서 쌀 소비도 계속 감소했어요. 2012년에는 1인당 연간 56.2kg을 먹었지만,

출처: 셔터스톡

2022년에는 50.9kg으로 줄었지요. 그런데 최근 1년 사이 일본에서 쌀을 찾는 사람이 갑자기 늘었어요. 가장 큰 이유는 일본을 찾는 외국인 관광객이 크게 증가했기 때문이에요. 많은 관광객이 초밥이나 **오니기리** 같은 쌀 요리를 즐기면서 소비가 함께 늘어난 거예요. 또 작년 여름은 날씨가 너무 더워 쌀농사가 부진했고, 정부가 **비축**한 쌀을 제때 풀지 않아 쌀값이 크게 올랐어요. 이 때문에 사람들이 쌀을 **사재기**했고, 마트에서도 쌀이 빠르게 팔렸어요.

반대로 한국에서는 쌀을 먹는 사람이 계속 줄고 있어요. 작년에는 한 사람이 1년에 55.8kg의 쌀만 먹었는데, 역대 가장 적은 양이에요. 혼자 사는 사람이 많아지고, 라면이나 빵, 햄버거 같은 음식을 더 자주 먹게 되면서 밥을 덜 먹게 된 거예요. 이런 변화 속에서 한국 쌀이 일본으로 수출되었어요. 실제로 전라남도 해남에서 수확한 쌀이 일본의 마트와 온라인 쇼핑몰에서 팔리고 있답니다.

어휘 쏙쏙

- **오니기리**: 일본의 삼각형 모양 주먹밥.
- **비축**: 나중에 필요할 때 쓰려고 미리 모아 두는 것.
- **사재기**: 물건을 필요 이상으로 많이 사서 쌓아 두는 것.

The 똑똑하게 신문 읽기

한국이 35년 만에 일본으로 쌀을 수출하게 된 이유는 무엇인가요?

 쏙쏙 경제 심화 학습

쌀이 부족해서가 아니라 '걱정' 때문에 비싸진다

일본 5kg 기준 쌀값: 2024년 2068엔, 2025년 4214엔
일본 쌀생산량 (단위: 만t): 2022년 670, 2023년 661, 2024년 679
자료: 일본 농무성

일본 쌀값 폭등 이유

이유	상세 설명
흉작 발생	2023년 쌀 생산량 감소
관광객 수요 증가	쌀 소비 2.7배 증가
사재기 현상	생산량 감소 및 지진 우려로 쌀 구매 급증
투기 세력 개입	수요보다 공급 부족 상황 유도
정부 대응 지연	비축미 방출 늦어짐

쌀을 사고 싶어 하는 사람이 많지만 쌀이 부족하면, 쌀값은 오르게 돼요. 그런데 '앞으로 쌀값이 더 오를지도 몰라!'라는 불안한 마음이 생기면, 사람들은 쌀을 미리 사두기 시작해요. 당장 필요한 것도 아닌데도 말이에요. 이렇게 모두가 불안해서 쌀을 사재기하면, 정말 쌀이 꼭 필요한 사람은 비싼 값을 주고 살 수밖에 없어요. 결국 쌀이 부족한 게 아니라, 쌀을 둘러싼 '걱정'이 물건값을 더 올리는 거예요.

메타인지가 쏙쏙

요즘 우리나라에서는 쌀을 먹는 사람이 줄고 있어요. 농민들을 돕기 위해 쌀 소비를 늘릴 방법을 한 가지 적어 보세요.

쌀 소비량을 높일 수 있는 아이디어

1인당 쌀 소비량: 2005년 80.7kg, 2010년 72.8kg, 2015년 62.9kg, 2023년 56.4kg
자료=통계청
출처: 매일경제신문

005

베네치아를 떠들썩하게 만든 760억 원짜리 결혼식

아마존 창업자 **제프 베이조스**가 약혼녀 로런 산체스와 함께 이탈리아 베네치아에서 특별한 결혼식을 올렸어요. 이 결혼식은 무려 3일 동안 이어졌고 들어간 돈은 약 760억 원에 달한다고 해요. 이 결혼식에는 유명한 사람들도 많이

출처: 셔터스톡

초대됐어요. 빌 게이츠, 오프라 윈프리, 레오나르도 디카프리오, 킴 카다시안까지, 세계적으로 잘 알려진 인물들이 참석했어요.

이탈리아 정부는 이번 결혼식 덕분에 관광객이 많아졌고, 식당과 호텔 그리고 상점들도 활기를 띠었다고 말했어요. 실제로 이 결혼식으로 생긴 경제 효과가 약 1조 5,000억 원 정도라고 해요. 덕분에 새로운 일자리도 생기고, 이탈리아의 멋진 모습이 전 세계에 알려지는 데 도움이 됐다고 해요.

하지만 모두가 좋아한 건 아니었어요. 베네치아 시민 일부는 불편함을 호소했어요. 관광객이 너무 많아 소음과 집값 상승, **사생활** 침해 문제가 이어지고 있었거든요. 그런 상황에서 부자가 도시 전체를 배경으로 호화 결혼식을 연 게 마음에 들지 않았던 거예요. 시민단체는 '베이조스를 위한 공간은 없다!'라는 문구를 들고 시위하기도 했답니다.

 어휘 쏙쏙

- **제프 베이조스**: 세계 최대 온라인 쇼핑 회사인 아마존을 만든 창업자, 아마존은 처음에는 책만 팔았지만, 지금은 전 세계에 모든 물건을 파는 큰 회사로 성장함.
- **사생활**: 다른 사람에게 보이지 않는 개인적인 생활이나 일상.

The 똑똑하게 신문 읽기

유명인의 결혼식이 도시와 경제에 어떤 영향을 줄 수 있을까?

 쏙쏙 경제 심화 학습

하루 15,000원? 베네치아가 관광세를 받는 이유

출처: 픽사베이

2024년, 이탈리아 베네치아는 세계 최초로 '당일치기 관광세'를 도입했어요. 도시 혼잡을 줄이고 환경을 보호하려는 조치였죠. 입장료는 하루 1인당 5유로(약 7,500원)이었고, 4월 25일부터 7월 14일까지 주말과 공휴일 등 총 29일간만 시범적으로 적용됐어요. 이 기간 동안 약 46만 명이 방문해 총 36억 원의 수익이 발생했어요.

2025년에는 이 입장료가 10유로(약 15,000원)로 2배 인상되고, 적용 기간도 29일에서 54일로 확대돼요. 같은 수의 관광객이 방문하더라도 수익은 70억 원을 훌쩍 넘을 것으로 보이며, 더 많은 날에 적용되기 때문에 전체 수익은 이보다 훨씬 커질 수 있어요.

메타인지가 쑥쑥

베네치아 시민 중 일부는 결혼식 때문에 불편을 겪었어요. 다음 중 시민들이 불편을 느낀 이유가 아닌 것은 무엇일까요?

① 소음이 커졌어요
② 관광객이 사생활을 침해했어요
③ 결혼식에 초대받지 못했어요
④ 집값이 오르고 있어요

정답: ③

한한령이 뭐길래?
K팝 스타들이 중국에 못 가요

2016년, 한국이 미국과 함께 사드(THAAD, 고고도 미사일 방어체계)를 **배치**하자, 중국은 이에 **반발**해 '한한령'이라는 한류 제한 조치를 내렸어요. 이후 한국 가수나 배우들이 중국 방송에 출연하거나 콘서트를 여는 일이 거의  불가능해졌고, 대형 K팝 공연도 9년 넘게 열리지 못했어요.

최근 한한령이 풀릴지도 모른다는 기대가 커졌지만, 분위기는 조심스러워요. 예를 들어, 이수만이 만든 글로벌 걸 그룹 '에이 투 오 메이(A2O MAY)'가 최근 중국 음악 방송에 출연했지만, 무대에 선 멤버들은 모두 중국과 미국 국적이었어요. 한국 국적 멤버는 빠졌다는 점에서, 중국이 여전히 한국 국적 K팝 멤버는 방송에 출연시키지 않는다는 해석이 나왔어요.

실제로 국내 아이돌 그룹은 5월 중국 푸저우에서 열 예정이던 콘서트를 갑자기 취소했고, 한국 밴드의 베이징 공연도 공연 3주 전에 취소됐어요. 9월 열릴 '드림콘서트'도 외국 국적 가수들만 출연할 예정이라고 알려졌어요.

이런 상황을 보면, 한한령 해제에 대한 기대는 있지만 아직 확실하지 않고, 특히 한국 국적 K팝 아이돌이 대규모 무대에 서는 건 여전히 어려운 일임을 알 수 있어요. 그래도 일부 한국 아티스트들의 공연이 허용되면서 변화의 조짐도 보이고 있어요.

어휘 쏙쏙

- **배치**: 어떤 것을 일정한 자리에 설치하거나 두는 것.
- **반발**: 어떤 일에 강하게 반대하고 맞서는 것.
- **한한령**: 한류금지령을 이르는 말. 중국 정부가 한국의 연예인, 드라마, K팝 공연 등을 제한한 조치.

The 똑똑하게 신문 읽기

한한령으로 인해 한국의 K팝 가수들은 중국에서 어떤 제한을 받고 있나요?

 쏙쏙 경제 심화 학습

한한령 해제 기대감에 콘텐츠·엔터·뷰티·게임 '두근두근'

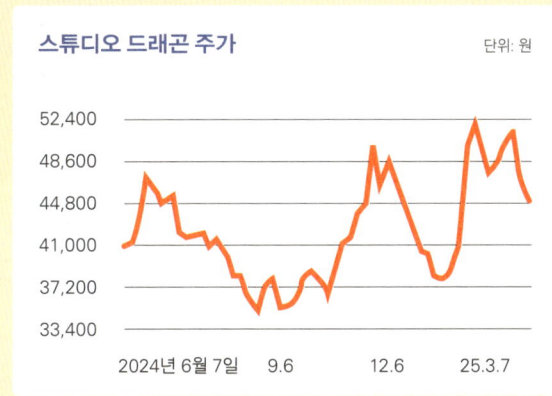

최근 한중 관계가 조금씩 나아지고 있고, 일부 공연이 다시 열리면서 사람들은 '이제 한한령이 곧 풀리는 게 아닐까?'라는 기대를 하고 있어요. 한국 드라마 제작사 스튜디오드래곤의 주가는 2024년 6월 약 41,000원에서 2025년 초 약 52,400원으로 약 27%나 올랐어요. 한류 콘텐츠가 다시 중국에 진출하게 되면, 드라마·예능 수출, 오리지널 콘텐츠 공동 제작, IP(지식재산) 판매 등 다양한 경제 기회가 생겨요. 전문가들은 중국 시장의 규모를 고려할 때, 한한령이 풀리면 한국 미디어 산업이 크게 성장할 수 있다고 보고 있어요.

 메타인지가 쑥쑥

한한령은 한국과 중국 사이의 어떤 일 때문에 생겼을까요?
① 한국 연예인이 중국에서 너무 인기가 많아졌기 때문에
② 한국의 사드(THAAD) 배치에 중국이 반발했기 때문에
③ 중국 사람들이 한국 노래를 따라 부르지 않아서
④ 한국이 중국의 드라마를 방영하지 않아서

정답: ②

만화책 한 권 때문에 무려 5조 원이 사라졌다고요?

일본에서 25년 전에 나온 만화책 한 권이 **관광업계**에 큰 타격을 줬어요. 1999년에 나온 《내가 본 미래》라는 만화에서 작가 타츠키 료는 '2025년 7월 5일에 큰 지진이 일어날 것'이라고 예언했어요.

그런데 이 내용이 최근에 SNS와 뉴스 등을 통해 다시 퍼지면서, 일본 여행을 준비하던 사람들이 무서워지기 시작했어요. 대만, 홍콩, 한국 등 여러 나라에서 일본 여행을 취소하거나 미루는 사람이 많아졌고, 대만 관광객은 절반 이하로 줄었고, 홍콩에서는 아예 일본 여행이 '0명'이 된 날도 있었어요. 한국에서도 여행을 꺼리는 분위기가 생기면서, 일본행 비행기표 가격이 10만 원대로 뚝 떨어졌어요.

출처: 도토리 출판사

이런 영향으로 일본이 벌 수 있었던 **관광 수입**이 약 5조 2,900억 원이나 줄어든 것으로 추정돼요. 특히 일본 남쪽 지역인 가고시마는 화산 분화까지 겹치면서, 관광객이 거의 찾지 않게 되었어요. 게다가 일본에서는 올해만 해도 1,500건이 넘는 지진이 발생하면서, 사람들의 불안은 더 커졌어요.

하지만 일본 기상청은 '그 만화의 예언은 사실이 아닌 **괴담**일 뿐'이라고 밝혔어요. 이번 사건은 사람들의 불안이 실제 경제에 얼마나 큰 영향을 줄 수 있는지 보여주는 대표적인 사례가 되었어요.

어휘 쏙쏙

- **관광업계**: 관광 상품을 제작하고 판매하는 사업에 종사하는 사람들의 활동 분야나 영역.
- **관광 수입**: 사람들이 여행을 하면서 쓰는 돈으로 나라나 지역이 벌어들이는 수입.
- **괴담**: 무섭지만 사실이 아닌 이야기가 사람들 사이에 퍼지는 것.

The 똑똑하게 신문 읽기

왜 많은 관광객들이 일본 여행을 취소했을까요?

 쏙쏙 경제 심화 학습

일본 여행을 꺼리게 된 이유에는 비용 문제도 있다고요?

얼마 전까지만 해도 일본 여행은 싸다는 인식이 있었어요. 엔화 가치가 낮을 땐 우리 돈으로 계산하면 훨씬 저렴하게 느껴졌거든요. 그런데 최근 들어 환율이 올라가면서 상황이 달라졌어요. 예를 들어, 라멘 한 그릇이 1,000엔이라면, 환율이 100엔에 900원이던 시절엔 9,000원이면 됐지만, 지금은 100엔에 1,000원이 되어 10,000원이 들어요. 이렇게 환율이 오르면 비행기표, 숙소비, 입장료 같은 전체 여행 비용도 함께 올라가요. 그래서 요즘 사람들은 일본 여행이 예전보다 훨씬 비싸졌다는 생각에 선뜻 떠나기 어려워지고 있답니다.

 메타인지가 쏙쏙

일본의 관광 수입이 줄어들면서 생길 수 있는 문제가 아닌 것은 무엇인가요?
① 비행기 회사의 수익이 줄어든다
② 호텔 방 예약이 줄어든다
③ 외국인을 위한 안내 책자가 갑자기 더 많이 팔린다
④ 기념품 가게 매출이 떨어진다

ⓒ : 답정

008 지브리풍 얼굴이 인기! 챗GPT 가입자가 폭발한 이유는?

요즘 SNS에서는 '지브리 프사'가 큰 인기를 끌고 있어요. '지브리 프사'는 스튜디오 지브리 스타일로 그린 프로필 사진으로, 영화 속 주인공처럼 예쁘고 아기자기한 그림이에요.

이 유행은 AI 기술 덕분에 생겨났어요. 특히 챗GPT에서 공개한 'GPT-4o' 이미지 생성 기능이 큰 역할을 했지요. 이 기능을 쓰면 자신의 얼굴을 지브리 스타일 그림으로 바꿀 수 있어요.

재미있고 신기하다 보니, 챗GPT 신규 가입자가 시간당 100만 명씩 늘기도 했어요.

카카오톡이나 인스타그램 같은 SNS에서도 지브리 그림을 프로필 사진으로 쓰는 사람이 많아졌어요. 실제 얼굴을 올리는 건 부담스럽지만, AI 그림은 좀 더 편하게 쓸 수 있으니까요. 사람들이 동시에 너무 많이 몰리자, 챗GPT를 만든 회사 서버에는 과부하가 걸렸대요. 오픈AI 대표는 **그래픽처리장치(GPU)**가 녹고 있다고 표현했을 만큼, 인기가 정말 대단했어요.

하지만 이런 유행을 걱정하는 목소리도 있어요. 지브리 캐릭터와 그림 스타일은 **저작권**이 있는 작품이어서, AI가 이를 따라 그리고 돈벌이에 쓰면 침해가 될 수 있대요. 지브리 창립자 미야자키 하야오 감독도 AI를 두고 '정말 역겨운 기술'이라 비판했어요. 아무리 멋진 그림이라도 남의 작품을 허락 없이 쓰는 건 **분쟁**이 생길 수 있어요.

어휘 쏙쏙

- **그래픽처리장치(GPU)**: 컴퓨터 안에서 그림이나 영상처럼 복잡한 화면을 빠르게 계산해서 보여주는 역할을 하는 장치.
- **저작권**: 책, 그림, 음악 같은 창작물을 함부로 따라 하거나 쓰지 못하게 지켜주는 권리.
- **분쟁**: 서로의 이익이나 생각이 달라서 다투는 상황.

The 똑똑하게 신문 읽기

왜 챗GPT 이미지 생성 기능이 SNS에서 큰 인기를 끌었을까요?

 쏙쏙 경제 심화 학습

사용자 급증하는 AI 애플리케이션

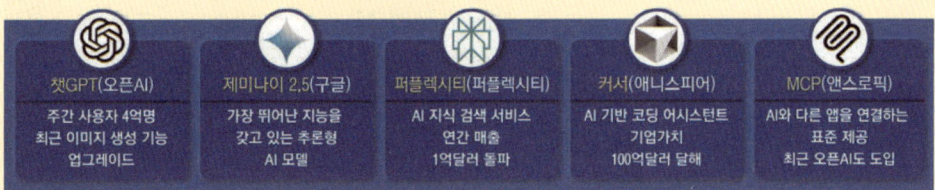

챗GPT(오픈AI)	제미나이 2.5(구글)	퍼플렉시티(퍼플렉시티)	커서(애니스피어)	MCP(앤스로픽)
주간 사용자 4억명 최근 이미지 생성 기능 업그레이드	가장 뛰어난 지능을 갖고 있는 추론형 AI 모델	AI 지식 검색 서비스 연간 매출 1억달러 돌파	AI 기반 코딩 어시스턴트 기업가치 100억달러 달해	AI와 다른 앱을 연결하는 표준 제공 최근 오픈AI도 도입

출처: 매일경제신문

인기 있는 AI 애플리케이션들이 계속 등장 중이에요. 챗GPT는 그림을 만들어 주는 기능으로 주목받았고, 이용자도 빠르게 늘고 있어요. 구글의 '제미나이 2.5'는 생각하고 판단하는 능력이 뛰어난 AI예요. '퍼플렉시티'는 정보를 잘 찾아주는 AI 검색기, '커서'는 코딩을 도와주는 서비스예요. 'MCP'는 사람 대신 인터넷에서 클릭하고 작업을 해주는 AI예요. 이렇게 AI는 점점 더 똑똑해지며 우리 생활과 산업에 큰 영향을 주고 있어요.

메타인지가 쏙쏙

사람들은 왜 실제 얼굴 사진이 아닌 AI 그림으로 프로필 사진을 만들고 싶어 했을까요?

AI가 확산되면 생활에 어떤 변화가 생길까요? 좋은 점과 걱정되는 점을 적어 보세요.

좋은 점	걱정되는 점

AI 천재를 잡아라! 빅테크 기업들의 스카우트 전쟁

세계적인 IT 기업들이 똑똑하고 뛰어난 사람, 즉 '빅브레인'을 모시기 위해 치열하게 경쟁하고 있어요. 구글, 애플, 아마존, 오픈AI, 메타 같은 **'빅테크'** 기업들은 AI 기술을 빠르게 발전시키기 위해 뛰어난 인재에게 연봉 수천억 원을 제안하기도 해요.

최근 오픈AI와 메타의 갈등이 있었어요. 메타는 최근 AI 전문가들을 많이 **스카우트**했고, 오픈AI에서 일하던 개발자 8명을 데려왔어요. 메타의 CEO 마크 저커버그는 이들에게 4년 동안 최대 약 4,000억 원을 보상으로 제시한 것으로 알려졌어요. 이에 대해 오픈AI의 올트먼 CEO는 강하게 비판하면서, AI 분야의 경쟁이 더 심해질 것이라고 했어요.

빅테크 기업의 CEO들은 능동적으로 행동하고 변화에 빠르게 적응하는 사람을 선호해요. 마이크로소프트의 사티아 나델라 CEO와 구글의 순다르 피차이 CEO는 '계속 배우고 성장하려는 의지가 있는 사람'을 좋아한다고 해요. 아마존의 앤디 재시 CEO와 애플의 팀 쿡 CEO는 '세상을 바꾸고 싶어 하고, 끊임없이 탐구하는 사람'을 중요하게 생각한다고 말했어요.

최근 기술이 빠르게 발전하면서, 빅테크 기업들은 좋은 인재를 확보하기 위해 더 노력하고 있어요. 앞으로도 이런 빅브레인 인재들이 빅테크 회사에서 새로운 기술을 만들고, 우리의 생활을 많이 바꾸게 될 것으로 기대돼요.

어휘 쏙쏙

- **빅테크(Big Tech)**: 구글, 애플처럼 정보 기술 기업 가운데 규모가 크고 시장 점유율이 높은 기업.
- **스카우트**: 회사나 팀이 잘하는 사람이나 필요한 사람을 일부러 찾아서 자기편으로 데려오는 것.

The 똑똑하게 신문 읽기

왜 빅테크 기업들은 다양한 능력을 가진 '빅브레인 인재'를 찾고 있을까요?

쏙쏙 경제 심화 학습

출처: 매일경제신문

세계 5대 빅테크 기업의 시가총액은 약 16조 달러, 우리 돈으로 20경 원이 넘어요. 이는 중견 국가의 GDP와 맞먹는 규모이지요. 이 기업들은 매년 수십조 원을 인재 채용과 교육에 쏟아붓고 있어요. 세계 최고 기업들은 '한 가지를 잘하는 사람'보다 '배우고 성장할 줄 아는 사람'을 더 높게 평가해요. 그 이유는 기술이 계속 바뀌기 때문이에요.

메타인지가 쏙쏙

다음 빈칸을 채워볼까요?
(　　　　) 기업들은 요즘 뛰어난 (　　　　　　) 인재를 찾기 위해 높은 연봉을 제시하고 있어요.

정답: 빅테크, 빅브레인

미래에 나는 어떤 인재가 되고 싶나요? 내 생각을 짧게 적어 보세요.

나는_____

세계를 놀라게 한 은퇴 소식, 워런 버핏은 누구일까요?

출처: 매일경제신문

'투자의 신'으로 불리는 워런 버핏이 은퇴한다는 소식에 전 세계 투자자들의 눈이 미국으로 쏠렸어요.

버핏은 어릴 때부터 투자에 관심이 많았어요. 7살 때 《1,000달러를 모으는 1,000가지 방법》을 읽고 돈을 모으기 시작했고, 11살에는 주식을 사서 몇 달 만에 이익을 냈죠. 그는 문 닫기 직전의 방직공장을 싸게 인수해 대성공을 거두었고, 이 회사는 현재 시가총액 약 1조 달러(1,400조 원)의 세계적 투자 회사 '버크셔 해서웨이'로 성장했어요.

버핏이 이렇게 큰 성공을 거둘 수 있었던 비결은 '**가치 투자**'라는 특별한 투자 방식 덕분이에요. 그는 항상 세 가지 원칙을 지켰어요. 첫째, 진짜 가치 있는 회사를 고를 것. 둘째, 오래 기다리는 장기 투자. 셋째, 자기가 잘 아는 분야에만 투자할 것이에요. 버핏은 코카콜라, 질레트, 시스캔디 같은 회사를 골라 묵묵히 기다리며 수익을 올렸어요. 1998년에 산 코카콜라 주식은 지금까지도 대표적인 성공 사례로 꼽혀요. 특히 버핏은 '삶은 눈덩이 같다. 촉촉한 눈과 긴 언덕을 찾는 게 중요하다.'라며, 좋은 회사를 오래 믿고 투자하면 **복리** 효과로 돈이 불어난다고 했어요.

이렇게 큰 부자가 되었지만, 버핏은 여전히 소박하게 살고 있어요. 1958년에 산 작은 집에서 그대로 살며 하루에 코카콜라를 5캔 마시고 맥도날드 치킨너깃을 즐긴대요. 또 재산의 99%를 **자선단체**에 기부하겠다고 약속해 많은 존경을 받고 있어요.

 어휘 쏙쏙

- **가치 투자**: 성장 가능성이 있지만 저평가된 기업 주식을 일정 기간 보유해 수익을 얻는 방법.
- **복리**: 처음 넣은 돈뿐만 아니라, 이자에도 또 이자가 붙는 계산 방법.
- **자선단체**: 도움이 필요한 사람들에게 음식, 돈 등을 나누어 주며 도와주는 목적으로 만들어진 단체.

The 똑똑하게 신문 읽기

워런 버핏은 왜 가치 투자를 중요하게 생각했을까요?

 쏙쏙 경제 심화 학습

돈이 두 배가 되는 72법칙이란?

72법칙

$$\frac{72}{복리\ 수익률} = 원금의\ 2배가\ 되는\ 기간$$

복리 수익률 6%　**복리 수익률 8%**

$$\frac{72}{6} = 12년 \qquad \frac{72}{8} = 9년$$

워런 버핏이 말하는 가치투자에는 놀라운 비밀이 숨어 있어요. 바로 복리의 마법이에요. 예를 들어 100만 원을 연이율 10%로 투자한다고 해볼게요. 1년 뒤에는 10% 이자가 붙어서 110만 원이 돼요. 그런데 2년 뒤에는 처음의 100만 원이 아니라, 110만 원에 또 10% 이자가 붙어요. 그래서 2년 뒤에는 121만 원이 되는 거예요. 이렇게 이자가 이자를 낳으면서 돈이 눈덩이처럼 불어나는 걸 '복리 효과'라고 해요.

여기서 기억해 두면 좋은 법칙이 하나 있어요. 바로 '72의 법칙'이에요. 이건 72를 이자율로 나누면 돈이 두 배가 되는 시간이 얼마나 걸리는지 알 수 있는 계산법이에요. 이자율이 10%라면, 72 ÷ 10 = 7.2년. 즉, 약 7년이면 돈이 두 배로 늘어난다는 뜻이에요.

메타인지가 쏙쏙

준도는 100만 원을 연이율 10%로 저축했어요. 이자는 복리로 붙어요. 2년 뒤 준도가 받게 될 금액은 얼마일까요?

① 120만 원
② 121만 원
③ 130만 원
④ 110만 원

정답: ②

Part 4. 국제

세상에서 가장 비싼 치즈, 6천만 원에 팔린 비밀

출처: 기네스월드레코즈

스페인에서 곰팡이가 핀 치즈 한 덩어리가 무려 6천만 원에 팔려 큰 화제가 됐어요. 미국 뉴욕포스트 신문에 따르면, 기네스 월드 레코즈(GWR)는 지난해 8월 스페인 북부 아스투리아스 지역에서 3만 6천 유로(약 5천8백만 원)에 팔린 전통 블루치즈를 '세계에서 가장 비싼 치즈'로 인정했어요.

아스투리아스의 카브랄레스 지역에서는 1968년부터 매년 8월 마지막 주 일요일에 '카브랄레스 치즈 대회'를 열어요. 이 대회에서는 지역 치즈 공장에서 만든 치즈를 평가하고, '가장 좋은 치즈'로 뽑힌 1등 작품을 **경매**에 올려요.

카브랄레스 치즈는 고온다습한 자연 동굴에서 숙성돼 곰팡이가 자라는 치즈예요. 지난해 1등에 오른 치즈가 경매에 나왔고, 이 지역에서 식당을 운영하는 이반 수아레스가 **낙찰**받았어요. 이번에 팔린 치즈는 소 원유만 사용해 만든 무게 약 2.3kg의 치즈로, **해발** 약 1,500m의 동굴에서 10개월 동안 **숙성**됐어요.

이반 수아레스는 이 치즈는 단순한 음식이 아니라 하나의 예술이라며, 고객들에게 진정한 장인의 맛을 전하고 싶다고 말했어요.

어휘 쏙쏙

- **경매**: 물건을 사려는 사람이 여럿일 때 값을 가장 높이 부르는 사람에게 파는 일.
- **낙찰**: 경매에서 가장 높은 가격을 제시한 사람이나 업체가 해당 물건이나 계약을 따내는 것.
- **해발**: 해수면으로부터 계산하여 잰 육지나 산의 높이.
- **숙성**: 효소나 미생물의 작용에 의하여 발효된 것이 잘 익음.

The 똑똑하게 신문 읽기

이반 수아레스는 곰팡이가 핀 치즈를 왜 6,000만 원을 주고 샀나요?

 쏙쏙 경제 심화 학습

출처: 셔터스톡

경매는 여러 사람이 하나의 물건을 사고 싶을 때, 누가 가장 높은 가격을 부르는지 경쟁해서 결정하는 특별한 구매 방법이에요. 예를 들어, 학교에서 가장 먹고 싶은 간식 한 개를 여러 명이 사고 싶다면, 각자 사고 싶은 만큼 얼마를 낼지 써내고 가장 높은 가격을 쓴 친구가 그 간식을 가지게 되는 거죠.

 **메타인지가 쏙쏙**

다음 중 경매에 해당하지 않는 것은 무엇일까요?
① 그림을 가장 높은 값을 부른 사람에게 판다
② 마트에서 정가에 사과를 산다
③ 한정판 운동화를 온라인 경매에 올린다
④ 희귀 우표를 여러 사람이 경쟁해서 산다

정답: ②

Part 4. 국제

012
한국과 미국의 무역 관세 협상이 끝났어요

출처: 페이스북 캡처

    2025년 7월 31일, 한국과 미국이 무역 관세 협상을 **타결**했어요. 이번 합의로 미국은 한국에 대한 관세를 25%에서 15%로, 자동차 관세도 25%에서 15%로 낮추기로 했어요. 이렇게 되면 일본과 유럽연합(EU) 등 한국보다 먼저 미국과 무역 합의를 맺은 국가들과 같은 조건이 돼요. 반도체와 의약품 등 앞으로 부과될 추가 품목별 관세도 한국에 가장 유리한 세율을 적용하는 **최혜국 대우**를 인정하기로 했어요.

    대신 한국은 미국과의 협상에서 4,500억 달러 규모의 보답을 약속했어요. 대통령은 "2,000억 달러 규모의 전략 산업 투자 펀드는 **조선**·반도체·바이오 산업의 미국 진출을 돕고, 1,500억 달러는 조선 전용 펀드로 우리 기업을 지원할 것"이라고 말했어요. 정부는 이를 통해 핵심 산업이 미국 시장에 진출하도록 적극 지원하기로 했어요.

    무역장벽이 줄어들면 한국 기업들이 미국에서 더 많이 팔 수 있는 길이 열려요. 하지만 동시에 한국이 약속한 거액의 투자도 실제로 잘 이뤄져야 해요. 정부는 앞으로도 국익 중심 실용 외교를 최우선 원칙으로 삼겠다고 말하며 협상 초기부터 미국이 강하게 요구했던 쌀·소고기 시장 개방은 한국 측 요구가 받아들여져 하지 않기로 했어요.

 어휘 쏙쏙

- **타결**: 의견이 대립된 양편에서 서로 양보하여 일을 끝맺음.
- **최혜국 대우**: 특정 국가에 제공하는 최고의 혜택을 다른 모든 국가에도 적용하는 것.
- **조선**: 배를 설계하여 만듦.

The 똑똑하게 신문 읽기

무역장벽이 줄어들면 한국 기업에서 좋은 점은 무엇이 있을까요?

 쏙쏙 경제 심화 학습

관세 협상은 서로 주고받는 약속

한미 관세 협상 주요 내용

상호관세율(자동차 포함)	15%
3,500억 달러 대미 투자 펀드 조성	
조선	1,500억 달러
반도체 배터리 바이오 원전	2,000억 달러
미국산 LNG 등 수입	1,000억 달러
쌀·소고기 시장	추가 개방 없음

관세는 다른 나라에서 물건이 우리나라로 들어올 때 붙는 세금이에요. 예를 들어, 미국에서 만든 자동차를 한국에 팔려고 가져오면, 한국이 '세금 내세요!'라고 하고 돈을 받는 거예요. 관세 협상은 이 세금을 얼마나 받을지, 또는 깎아줄지를 서로 이야기해 정하는 거예요. 마치 외국 물건이 들어올 때 내야 하는 입장료를 정하는 것과 비슷하죠.

예를 들어, 미국 자동차 회사가 한국에 자동차를 팔 때 한국이 '관세로 10만 원 내세요!'라고 하면, 미국은 '조금만 깎아주세요!'라고 부탁해요. 그러면 한국은 '대신, 우리 김치를 미국에 보낼 때 세금을 낮춰주세요!'라고 제안해요. 이렇게 서로 필요한 것을 주고받으며 약속하는 것이 관세 협상이에요.

관세가 높아지면 어떤 일이 벌어질까요?

Part 4. 국제

호주에서는 16세 미만 청소년이 SNS를 사용할 수 없어요

호주가 올해 말부터 세계 최초로 16세 미만 청소년의 소셜미디어 이용을 법으로 전면 금지할 예정이에요. 이에 따라 뉴질랜드도 비슷한 법을 만들려고 해요.

2025년 5월 6일(현지 시간), 뉴질랜드의 캐서린 웨드 의원은 '소셜미디어 적정 연령 사용자 법안'을 **발의**했어요. 이 법안은 16세 미만 청소년이 소셜미디어를 이용하지 못하게 하고, 소셜미디어 회사가 사용자가 16세 이상인지 꼭 확인하도록 **규정**하고 있어요. 만약 이 규정을 지키지 않으면 벌금을 내야 해요. 웨드 의원은 많은 부모와 학교에서 청소년의 소셜미디어 사용을 통제하기 어렵다고 걱정하고 있다며, 이 법은 괴롭힘, 부적절한 내용, 중독으로부터 청소년을 보호하는 것이 목적이라고 말했어요.

앞서 호주는 부모 동의와 상관없이 16세 미만 청소년의 소셜미디어 이용을 전면 제한하는 법을 처음 만들었어요. 이 법은 2025년 12월부터 **시행**돼요. 16세 미만 청소년이 페이스북이나 틱톡 같은 소셜미디어에 계정을 만들면, 해당 회사는 최대 4,950만 호주달러(약 450억 원)의 벌금을 내야 해요.

이 소식으로 전 세계에서 어린이 보호와 디지털 중독 문제에 대한 논의가 활발해지고 있어요.

어휘 쏙쏙

- **발의**: 회의나 단체에서 어떤 의견이나 계획을 공식적으로 내놓는 것.
- **규정**: 지켜야 하는 규칙이나 법으로 정한 내용.
- **시행**: 법이나 규칙을 실제로 시작해서 실행하는 것.

The 똑똑하게 신문 읽기

올해 12월부터 호주에서 16세 미만 청소년이 페이스북이나 틱톡 같은 소셜미디어에 계정을 만들면, 해당 플랫폼은 어떤 처벌을 받게 되나요?

 쏙쏙 경제 심화 학습

나라별 청소년 온라인 보호 정책은 무엇이 있을까요?

국가	법과 제도	주요 내용
미국	어린이 온라인 개인정보 보호법 (COPPA)	13세 미만 아동의 개인정보 수집 제한. 국가 차원의 연령 제한(가입 금지)보다는 정보 보호에 중점.
영국	온라인 안전법 (Online Safety Act)	18세 미만 청소년이 자해, 폭력, 음란물, 식이장애, 혐오 표현 등 유해 콘텐츠에 접근하지 못하도록 금지 또는 제한.
프랑스	디지털 성년 기준 도입법 (Digital Majority Law)	15세 미만은 부모 동의 필요. 부모 모니터링 기능 제공 강화.
EU 및 일부 국가	GDPR, DSA (Digital Services Act) 등	연령 제한 13~16세. 플랫폼별 자체 기준에 따라 부모 동의 및 연령 확인 강화.

전 세계적으로 미성년자 온라인 보호가 강화되는 추세예요. 미국과 영국을 비롯한 주요 선진국은 청소년을 지키기 위해 연령 확인 의무, 부모 동의, 유해 콘텐츠 차단, 벌금 부과 등 강력한 규제를 법으로 정하고 있으며, 이는 이미 전 세계적인 흐름이 되고 있어요.

 메타인지가 쏙쏙

다음 문제에 답해 볼까요?

① 소셜미디어를 사용할 때 어떤 점이 즐겁고, 어떤 점이 위험하다고 생각하나요?
즐거운 점 :
위험한 점 :

② 청소년에 대한 소셜미디어 사용 제한에 대해 어떤 생각이 드나요?

③ 이 법이 우리나라에도 만들어지면 청소년들에게 어떤 변화가 생길까요?

Part 5

환경

001
사상 최강의 무더위로 에어컨 판매가 늘어났어요

올여름, '역대급' 폭염이 올 거라는 소식에 삼성전자와 LG전자의 에어컨이 정말 잘 팔리고 있어요. 두 회사 모두 에어컨 판매 덕분에 올해 **실적**이 좋아질 거라는 기대를 하고 있지요. 에어컨은 여름에만 많이 팔리는 고단가 제품이어서, 여름 성수기에 얼마나 팔리느냐가 회사 실적에 큰 영향을 주거든요.

출처: LG전자

가전업계는 여름을 앞두고 에어컨 생산부터 설치까지 바쁘게 움직이고 있어요. 삼성전자는 올해 **1분기**에 작년보다 에어컨을 50% 이상 더 많이 팔았고, 3월 한 달 동안은 무려 61%나 더 팔렸어요. 특히 서 있는 '스탠드형' 에어컨은 판매가 80%나 늘었어요. LG전자도 비슷해요. 1분기 판매량이 작년보다 60%나 늘었고, 3월에는 80% 넘게 팔렸다고 해요.

에어컨을 찾는 사람이 이렇게 많아지자 두 회사는 공장을 더 일찍 돌리기 시작했고, 에어컨을 설치해 줄 기사도 더 많이 뽑았어요.

두 회사는 모두 새로운 인공지능(AI) 에어컨도 **출시**했어요. 삼성전자의 에어컨은 전기를 아끼면서도 시원함을 자동으로 조절해 줘요. LG전자의 에어컨은 사용자의 말을 알아듣고 대답까지 해요. '너무 추워'라고 말하면 '희망 온도를 높일까요?'라고 물어보는 똑똑한 에어컨이에요.

어휘 쏙쏙

- **실적**: 기업이나 개인이 이전보다 더 나은 성과를 달성하는 것.
- **분기**: 일 년을 사등분 한 3개월씩의 기간(1분기는 1~3월).
- **출시**: 상품을 시중에 내보냄.

The 똑똑하게 신문 읽기

에어컨 판매가 늘어나자 두 회사는 공통적으로 무엇을 했나요?

쏙쏙 경제 심화 학습

계절 특수란 무엇인가요?

계절 특수는 특정 계절에만 사람들이 많이 찾는 상품이나 서비스가 평소보다 훨씬 더 많이 팔리는 현상을 말해요.

기업은 계절에 잘 팔리는 물건을 미리 준비하면 더 많은 돈을 벌 수 있어요. 여름에는 에어컨, 겨울에는 온열 기구처럼 계절에 맞는 물건들이 인기를 끌지요. 그래서 회사들은 계절 특수를 예상하고 제품을 더 만들거나 세일, 이벤트 같은 특별 행사를 열어요. 계절상품은 짧은 기간에 찾는 사람이 많아지기 때문에 물건이 부족하지 않도록 미리 준비하는 게 중요해요.

계절	잘 팔리는 상품
봄	꽃, 미세먼지 마스크, 신학기 문구류
여름	에어컨, 선풍기, 아이스크림, 수영복
가을	추석 선물 세트
겨울	온수매트, 전기장판, 겨울 외투, 김장김치

메타인지가 쏙쏙

우리 집의 계절 특수 상품을 찾아보아요.

여름	겨울
예) 에어컨	예) 핫팩

Part 5. 환경

002 불쾌한 러브버그, 왜 약을 안 뿌릴까요?

여름철 더위로 붉은등우단털파리(러브버그)와 동양하루살이 같은 곤충들이 대량 발생하고 있어요. 이 곤충들은 사람을 물거나 병을 옮기지는 않지만, 자동차나 조명에 몰려들며 시민들에게 불쾌감을 주고 있어요.

러브버그 광원 포집기 출처: 서울시

서울시에 따르면 러브버그 관련 **민원**은 2023년에만 9,296건으로 2022년보다 두 배 이상 증가했어요. 동양하루살이 관련 민원도 2024년 들어 240건으로 나타났어요.

그러나 러브버그는 사람을 물지도 않고 질병을 옮기지 않아요. 오히려 생태적 지위에서는 **익충**에 해당한다는 평도 있지요. 하지만 너무 많은 발생으로 불쾌감과 혐오를 유발해 **방제** 요구가 빗발쳤어요.

이에 서울시는 약을 뿌리는 대신 친환경 방제 전략을 선택했어요. 지난해 관련 조례를 만들고, 국립생물자원관과 함께 **심포지엄**을 여는 등 대응을 준비해 왔어요. 성동구 뚝도시장에는 곤충을 유인하지 않는 조명등을 설치했고, 은평구 백련산에는 유인제와 포집기를 설치할 예정이에요. 앞으로도 친환경 기술을 확대하고 시민에게 생활 속 대응 방법을 알리는 영상도 제작할 계획이에요. 시민건강국은 '사람과 곤충이 피해 없이 공존하는 환경'을 만들겠다고 밝혔어요.

어휘 쏙쏙

- **민원**: 국민이 정부나 시청·구청 같은 기관에 어떤 일에 대해 도와 달라고 요구하는 일.
- **익충**: 사람에게 도움이 되는 벌레.
- **방제**: 해로운 벌레나 병균 따위를 막거나 없애는 일.
- **심포지엄**: 여러 전문가들이 모여 한 가지 주제를 깊이 있게 발표하고 토론하는 모임.

The 똑똑하게 신문 읽기

서울시는 곤충을 없애기 위해 어떤 방법을 선택했나요?

 쏙쏙 경제 심화 학습

대발생 곤충에는 어떤 것들이 있을까?

향후 곤충 대발생 예상 시기

구분	지역	5월	6월	7월	8월	9월	10월
러브버그	서울, 인천, 경기		현재 진행중	현재 진행중			
대벌레	서울, 경기		발생 잠재	발생 잠재	발생 잠재	발생 잠재	발생 잠재
동양하루살이	서울, 경기, 세종	발생 종료	발생 종료		발생 잠재	발생 잠재	발생 잠재
미국선녀벌레	전국	발생 잠재	발생 잠재	발생 잠재	발생 잠재	발생 잠재	발생 잠재
깔따구	전국(하천 주변)	발생 잠재	발생 잠재	발생 잠재	발생 잠재	발생 잠재	발생 잠재

■ 현재 진행중 ■ 발생 잠재 ■ 발생 종료

자료 : 환경부

대발생 곤충이란 짧은 시간 동안 특정 지역에 특정 곤충이 수천에서 수만 마리가 한꺼번에 생겨나는 곤충을 말해요. 기온 변화, 도시화, 천적 감소 등의 이유로 나타나요. 사람을 물거나 해치지 않더라도 한꺼번에 발생하면 무서움을 느끼기도 하고 자동차와 상점 유리 등에 달라붙어 불편함을 느끼기도 해요.

환경부에서 제시한 예상표에 따르면 앞으로도 더 다양한 곤충이 더 자주, 더 많이 발생할 수 있기 때문에 국가와 지자체가 함께 나서야 할 사회 환경 문제가 되었어요.

 메타인지가 쏙쏙

서울시가 러브버그를 약으로 없애지 않고 친환경 방법으로 조절한 가장 큰 이유는 무엇일까요?

① 러브버그는 귀여워서 없애고 싶지 않았기 때문이에요
② 러브버그는 해충처럼 사람에게 직접적인 피해를 주지 않는다고 판단했어요
③ 약을 뿌리는 게 시간이 오래 걸려서 귀찮았기 때문이에요
④ 러브버그가 멸종 위기종이라 보호해야 하기 때문이에요

정답: ②

종이 빨대, 앞으로도 계속 써야 할까요?

출처: 셔터스톡

카페에서 종이 빨대를 쓰면 금세 젖어 불편했던 적이 있나요? 정부는 이런 불편을 줄이면서도 플라스틱 사용을 줄이기 위해 '탈 플라스틱 로드맵'이라는 새 계획을 세우고 있어요. 이 계획에는 일회용 플라스틱을 줄이는 방법과 다시 활용하는 방법이 담겨 있어요.

예를 들어, 플라스틱 빨대 사용 금지 규정은 시행을 **유예**했어요. 그리고 일회용 컵 보증금 제도(컵을 반납하면 돈을 돌려주는 제도)는 세종시와 제주도에서만 운영 중이에요.

정부는 종이 빨대 같은 **대체 제품**이 실제로 환경에 좋은지도 조사하고 있어요. 택배 상자 속 공간이 절반을 넘지 않도록 하는 과대 포장 **규제** 단속도 내년까지 미루기로 했어요. 그리고 페트병 보증금 제도(페트병을 버릴 때 돈을 돌려주는 제도)도 검토 중이지만, 비용이 많이 들거나 효과가 적으면 시행하지 않을 수 있어요.

이번 계획에는 플라스틱을 처음부터 덜 쓰는 방법도 포함되어 있어요. 친환경 재료로 만든 플라스틱을 쓰도록 돕거나, 처음부터 여러 번 쓸 수 있는 재료 사용을 **유도**하는 것이에요. 국회에서는 이렇게 생산부터 폐기까지 환경을 생각하는 정책이 꼭 필요하다고 강조하고 있어요.

어휘 쏙쏙

- **유예**: 일을 실행하는 데 날짜나 시간을 미룸.
- **대체 제품**: 기존의 제품을 대신하는 새로운 제품.
- **규제**: 규칙이나 규정을 정해 정한 한도를 넘지 못하게 막음.
- **유도**: 사람이나 물건을 목적한 장소나 방향으로 이끎.

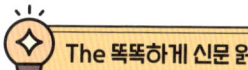 **The 똑똑하게 신문 읽기**

플라스틱을 줄이기 위한 계획(탈 플라스틱 로드맵)에는 어떤 내용이 담겨 있나요?

 쏙쏙 경제 심화 학습

90.7%가 선택한 친환경 소비, 그린슈머와 이노슈머

2023년 4월, 한국소비자원이 전국 20~60대 성인 1,000명을 조사했어요. 그 결과, 우리나라 소비자들이 '가격이 싼 제품'보다 환경을 지키는 친환경 제품을 더 선호한다는 사실이 나타났어요. 조사에서 907명이 친환경 제품을 사고 싶다고 답했는데, 이 비율은 1년 전보다 8.4%나 높아졌어요.

이처럼 환경을 생각하며 물건을 사는 사람을 그린슈머라고 해요. '그린'(green)은 환경, '컨슈머'(consumer)는 소비자를 뜻해요. 또 환경뿐 아니라 사회 문제를 해결하기 위해 직접 행동하는 사람을 이노슈머라고 해요. '이노베이션'(innovation)은 새로운 변화나 발명을 뜻하는데, 이노슈머는 세상을 더 좋게 만들기 위해 적극적으로 행동하는 소비자를 말해요.

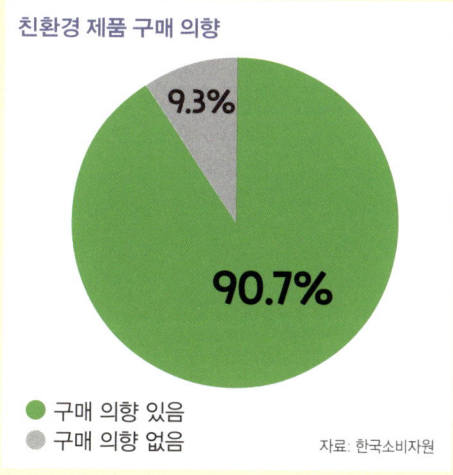

친환경 제품 구매 의향
- 구매 의향 있음: 90.7%
- 구매 의향 없음: 9.3%

자료: 한국소비자원

메타인지가 쏙쏙

우리 학교에서 플라스틱 사용을 줄일 수 있는 방법으로 알맞은 것은 무엇일까요?
① 플라스틱 컵 대신 텀블러나 개인 물병 사용하기
② 플라스틱 쓰레기는 모아서 운동장에서 태우기
③ 플라스틱 포장 과자를 더 많이 사서 친구들과 나누기
④ 점심시간마다 새 플라스틱 빨대를 나눠주기

① :昌요

004

이젠 빠르기보다 착하게! 달라진 요즘 옷 이야기

H&M의 중고 의류 판매 공간(왼쪽)과 리유니클로의 수선·재활용 서비스 공간(오른쪽) 출처: H&M·유니클로

요즘 옷 가게들이 달라지고 있어요. 예전에는 유행하는 옷을 빠르게 만들고 싸게 파는 '**패스트패션**'이 인기를 끌었지만, 이 방식은 새 옷을 자주 사고 쉽게 버리게 해 쓰레기를 늘리고 환경 오염도 심각하게 만들었어요. 그래서 사람들은 '멋도 좋지만 이제는 지구를 생각하는 옷을 입어야 해'라고 말하기 시작했어요.

이런 변화에 따라 옷 회사들도 생각을 바꾸고 있어요. 어떤 브랜드는 손님이 안 입는 옷을 모아 기부하거나, 재료로 삼아 새 옷을 만들고, 중고 옷을 손질해 다시 팔기도 해요. 그리고 찢어진 옷을 고쳐 다시 입을 수 있게 도와주는 '**수선** 서비스'도 있어요. 이런 활동은 버려지는 물건을 새롭게 만들거나 더 좋은 것으로 바꾸는 '업사이클링'의 예예요. 그리고 옷 재료도 달라지고 있어요. 플라스틱병이나 폐타이어 같은 재활용 자원으로 실을 만들고, 튼튼한 재료를 써 오래 입을 수 있게 해요.

이처럼 옷을 만드는 과정과 소비 방식이 바뀌는 걸 '**지속가능성**'을 위한 변화라고 해요. 자연을 해치지 않고 오래 이어갈 수 있는 방식이라는 뜻이에요. 환경을 생각하는 사람들은 물건을 살 때 나만이 아니라 지구를 위한 '착한 소비'를 하려고 해요.

어휘 쏙쏙

- **패스트패션**: 유행에 따라 소비자의 기호가 바로바로 반영되어 빨리 바뀌는 패션.
- **수선**: 낡거나 헌 물건을 다시 쓸 수 있도록 고치는 것.
- **지속가능성**: 인간이 삶의 터전으로 삼는 환경과 자원을 파괴하지 않고, 재생산이 가능한 범위 내에서 협력하며 지속적으로 사용할 수 있는 특성.

The 똑똑하게 신문 읽기

과거의 패스트패션은 어떤 문제를 일으켰나요?

 쏙쏙 경제 심화 학습

착한 소비는 어떤 소비일까요?

	공정무역	생산자책임재활용제도(EPR)
어떤 모양이에요?	(FAIRTRADE 로고)	(생산자책임재활용 제도(EPR 제도) 이미지)
의미	정직하게 만든 물건에 붙는 마크예요	만든 회사가 쓰레기 처리까지 책임지는 제도예요
생긴 이유	일한 만큼 정당하게 돈을 못 받는 사람들을 위해 만들었어요	너무 많은 쓰레기가 생기기 때문이에요
착한 소비 실천 방법	마크가 붙은 초콜릿, 커피, 옷을 구입해요	헌 옷은 수거함에 넣고 옷을 오래 입는 습관을 가져요

요즘 사람들은 물건을 살 때 단순히 싸고 좋은 것만 찾지 않아요. 이 물건이 어떻게 만들어졌는지, 누가 만들었고, 환경을 해치진 않았는지도 함께 생각해요. 이처럼 사람과 지구를 함께 생각하는 소비를 '착한 소비'라고 해요. 그리고 착한 소비를 실천하기 위해 만들어진 마크와 제도들도 있어요.

 메타인지가 쑥쑥

왜 요즘 옷 가게들은 헌 옷을 모으거나 중고 옷을 다시 팔고 있을까요?
① 손님을 줄이기 위해
② 옷을 빨리 팔기 위해
③ 환경을 보호하고, 오래 입는 옷을 만들기 위해
④ 새로운 옷을 만들 재료가 없어서

ⓒ : 정답

친환경 제품이라더니, 친환경이 아닐 수도 있다고요?

각 사업자의 브랜드별 그린워싱 관련 행위

사업자	브랜드	행위 사실
㈜무신사	무신사 스탠다드 (MUSINSA STANDARD)	상품명 아래에 '#에코레더'라고 해시태그
㈜신성통상	탑텐(TOPTEN)	상품명에 '에코 레더'를 포함하여 광고
		설명란에 '환경을 생각하는', '에코 레더', '지속가능성을 고려한', '친환경 가치소비' 등 광고 표현
㈜이랜드월드	미쏘(MIXXO)	상품명에 '에코 퍼' '에코 레더' '에코 스웨이드'를 포함하여 광고
		설명란에 '지속가능한', '친환경 소재', 'ECO LEATHER 100%', 'ECO VEGAN LEATHER'등 광고 표현과 친환경 마크 표시
	스파오(SPAO)	상품명에 '에코 레더', '에코 스웨이드'를 포함하여 광고

무신사스탠다드, 탑텐, 미쏘, 스파오 같은 의류 브랜드가 인조가죽 옷을 마치 친환경 제품인 것처럼 광고했다가 공정거래위원회(공정위)로부터 경고를 받았어요. 공정위는 15일 해당 브랜드를 운영하는 무신사·신성통상·이랜드월드·아이틱엑스코리아 등 4개 의류 브랜드 회사의 표시광고법 **위반** 행위에 대해 경고 조치를 했어요. 해당 업체들은 근거 없이 '**에코**', '환경을 생각하는' 등 친환경적인 표현을 사용해 왔기 때문이에요.

진짜 친환경 제품이라고 하려면, 환경에 덜 해로운 재료를 쓰거나 만드는 과정에서 오염을 줄여야 해요. 단순히 말로만 '친환경'이라고 하는 건 올바른 방법이 아니에요. 공정위는 업체들이 잘못을 인정하고 표현을 고친 점을 감안해 이번에는 경고만 주었어요. 대신 '앞으로도 온라인 플랫폼 시장에서의 **부당**한 광고 행위를 계속 감시하고 **적발** 시에는 엄중히 대응해 나갈 계획'이라고 말했어요.

어휘 쏙쏙

- **위반**: 법률, 명령, 약속을 지키지 않고 어김.
- **에코(eco)**: 생태학(ecology)의 줄임말로 사용되면서 친환경, 환경친화적이라는 뜻으로도 사용.
- **부당**: 옳지 않거나 정당하지 않음.
- **적발**: 숨겨져 있는 일이나 드러나지 아니한 것을 들추어냄.

The 똑똑하게 신문 읽기

공정거래위원회는 왜 의류 브랜드 회사에 경고 조치를 했나요?

 쏙쏙 경제 심화 학습

공정거래위원회는 어떤 일을 하는 곳인가요?

출처: 공정거래위원회

역할	예시
거짓 광고 잡기	'친환경'이라고 했는데 사실 아니면 벌을 줘요
공평한 경쟁 보호	두 회사가 몰래 가격을 정해서 소비자를 속이면 막아요
소비자 보호	우리가 물건을 샀을 때 부당하게 피해를 보면 돕고 해결해 줘요
갑질 방지	큰 회사가 작은 회사에 불공평하게 대하면 조사해서 바로잡아요

공정거래위원회, 줄여서 공정위는 국민이 서로 정직하게 더불어 살아갈 수 있도록 도와주는 정부 기관이에요. 특별히 가게(회사)가 거짓말을 하거나 불공평하게 행동하지 않도록 지켜보는 역할을 해요.

메타인지가 쏙쏙

다음과 같은 표시가 붙어 있는 물건이 우리집에 있는지 조사해 보세요.

Part 5. 환경

006

그 많던 꿀벌은 다 어디로 갔을까요?

지구 온난화로 지구가 점점 더워지면서 꿀벌이 사라지고 있어요. 꿀벌은 꽃가루를 옮겨 식물이 열매를 맺게 하는 중요한 일을 하지만, 기온 상승으로 살기 힘든 환경이 되었어요. 더위로 꽃이 잘 피지 않고, 꿀벌이 먹을 꽃가루와 꿀도 줄었어요.

출처: 셔터스톡

꿀벌의 먹이가 되는 꽃을 피우는 식물을 **밀원식물**이라고 해요. 우리나라에서 밀원식물의 면적은 1970~1980년대보다 70%나 줄었어요. 먹이가 부족해지자 꿀벌들은 서로 먹이를 차지하려고 경쟁하게 되었어요.

또 응애라는 기생충이 꿀벌 몸속 체액을 빨아먹고 병을 옮겨 죽게 하고 있어요. 실제로 한국 토종벌의 98%가 이 기생충이 퍼뜨린 낭충봉아부패병 때문에 사라졌어요. 농약 사용도 큰 영향을 미쳐요. 특히 네오니코티노이드라는 살충제는 곤충의 신경과 면역력을 약하게 만들어요. 지난 5년 동안 이 농약이 서울 면적의 62.3%에 해당하는 땅에 뿌려졌다고 해요. 유럽연합(EU)은 꿀벌을 지키기 위해 이 농약의 실외 사용을 금지했어요.

꿀벌이 사라지면 농작물의 70%가 **수분**을 하지 못해 자라기 힘들어요. 사과, 딸기, 수박, 오이, 아몬드처럼 꽃가루받이로 열매를 맺는 과일과 채소가 줄어들면, 우리의 식탁에도 큰 영향이 생겨요. 그래서 꿀벌을 지키고 개체 수를 늘리는 일은 꿀벌 보존을 넘어 우리의 식탁과 자연을 지키는 데 꼭 필요한 일이에요.

어휘 쏙쏙

- **지구 온난화**: 탄산가스 등 온실가스에 의해 지구의 평균 기온이 올라가는 현상.
- **밀원식물**: 벌이 꿀을 빨아 오는 원천이 되는 식물.
- **수분**: 꿀벌, 새, 바람 등이 꽃가루를 암술머리에 옮기는 것.

The 똑똑하게 신문 읽기

꿀벌이 줄어드는 가장 큰 이유는 무엇일까요?

쏙쏙 경제 심화 학습

기후 변화와 곤충의 위기

미국 NASA 연구에 따르면, 기후 변화로 앞으로 50~100년 안에 곤충 종의 약 65%가 멸종할 수 있다고 해요.

특히 몸의 온도를 스스로 조절하지 못하는 냉혈 곤충은 급격한 온도 변화에 적응하기 어려워 가장 위험하다고 분석했어요. 이미 전 세계 곤충 수는 줄어들고 있어요. 북미 땅벌은 절반, 유럽 전역에서는 17% 감소했어요.

곤충은 수분, 죽은 생물과 쓰레기 분해, 생물 다양성 유지 등 중요한 역할을 해요. 그중 꿀벌은 전 세계 식량의 90%를 차지하는 주요 작물 71종의 수분을 담당해요.

꿀벌이 사라지면 사과, 딸기 같은 과일과 채소뿐 아니라 꿀, 소고기, 유제품까지 줄어들어서 우리의 식단과 자연환경이 무너질 수 있어요. 이를 막기 위해 미국에서는 꿀벌 전염병 예방 백신을 개발해 사용 승인을 받았어요.

기후변화로 늘어난 곤충종 예시: 모기, 초파리, 꽃매미, 하루살이, 노린재

기후 변화로 사라진 곤충종 예시: 꿀벌, 호박벌, 잠자리

국립생물자원관 지정 한국 멸종위기 곤충
- 멸종우려범부 총 61종
  (위급 7종 · 위기 15종 · 취약 39종)
- 준위협 10종
- 자료부족 226종
- 최소관심 76종
- 미적용 20종

*394종 대상. 그중 1종은 절멸된 것으로 추정됨.
자료: 국립생물자원관

메타인지가 쏙쏙

만약 꿀벌이 모두 사라져서 과일과 채소가 귀해진다면, 시장에서는 어떤 경제 현상이 나타날까요?

① 물가 하락
② 가격 상승
③ 공급 과잉
④ 수요 감소

정답: ②

우리 동네 땅속은 괜찮을까?
서울시가 싱크홀 지도를 공개했어요

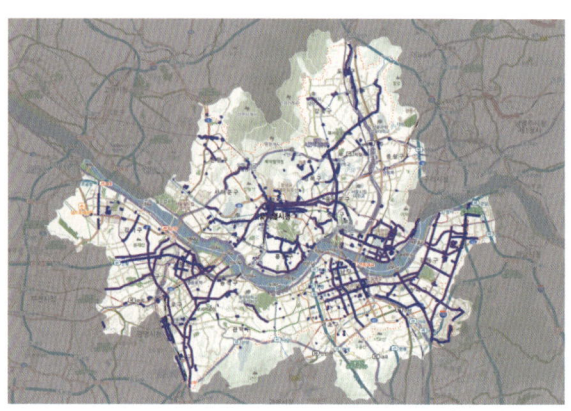

출처: 서울안전누리

서울시가 '**싱크홀**'을 미리 막기 위해 특별한 조사를 했어요. 바로 올해 1월부터 5월까지, 서울 곳곳의 땅속 상태를 하나하나 꼼꼼히 살펴본 거예요. 조사한 거리만 해도 무려 350km나 된답니다. 이 조사는 땅속에 빈 공간이 있는지 확인할 수 있는 '**지표투과레이더**'라는 특별한 장비를 이용해서 진행됐어요. 겉으로는 멀쩡해 보여도, 땅 밑에 공간이 비어 있다면 나중에 갑자기 꺼질 수도 있거든요. 조사 결과는 시민들이 쉽게 볼 수 있도록 '서울안전누리' 홈페이지에 지도 형태로 공개됐어요. 땅속에 이상이 없는 곳은 파란색, 빈 공간이 발견된 곳은 보라색으로 표시돼요. 선을 클릭하면 언제 조사했는지, 어떤 조치를 했는지도 볼 수 있어요.

이번에 조사한 곳은 모두 364곳이었고, 그중 63곳에서 지하에 빈 공간이 발견됐어요. 서울시는 이곳들을 빠르게 복구해 사고가 나지 않도록 했어요. 앞으로도 각 자치구와 함께 더 많은 지역을 정기적으로 다시 조사하고, 결과도 계속 업데이트할 예정이라고 해요.

어휘 쏙쏙

- **싱크홀**: 지하 공간이 무너지면서 땅이 갑자기 꺼지는 현상.
- **지표투과레이더(GPR)**: 땅속에 전파를 쏘아 지하에 어떤 것이 있는지 알아내는 장치.

The 똑똑하게 신문 읽기

서울시는 지표투과레이더로 빈 공간을 찾으면 어떻게 조치했나요?

 쏙쏙 경제 심화 학습

10년 새 싱크홀 사고 급증

지난 10년 동안 우리나라에서 일어난 지반침하, 즉 '싱크홀' 사고는 모두 2,119건이에요. 1년에 평균 211건 넘게 생긴 셈이죠.
국토교통부 자료에 따르면, 싱크홀의 주된 원인은 오래된 하수관이 깨지거나(260건), 땅을 제대로 다지지 않았거나(99건), 굴착공사를 부실하게 했기 때문(68건)이에요.
이처럼 땅속 공사가 엉성하면 위험한 사고가 생기기 쉬워요. 싱크홀은 수도권뿐 아니라 전국에서 일어나고 있어서, 사람들의 생명과 안전을 위한 체계적인 대응이 꼭 필요하다는 지적이 나오고 있어요.

출처: 매일경제신문

메타인지가 쏙쏙

서울시가 지표투과레이더로 땅속을 조사하고 탐사 지도를 시민에게 공개하는 이유는 무엇일까요?

① 시민들에게 지하철 노선을 알리기 위해서
② 지하에 숨겨진 보물을 찾기 위해서
③ 싱크홀 사고를 예방하고 안전하게 생활할 수 있도록 하기 위해서
④ 공사를 더 느리게 하기 위해서

ⓒ 정답: ③

Part 5. 환경

우리나라에서 가장 큰 산불 피해가 생겼어요

지난 3월에, 경북·경남·울산 등 영남 지역을 강타한 대형 산불은 우리나라 산불 역사상 가장 큰 피해를 남겼어요. 중앙재난안전대책본부(중대본)는 이번 산불로 인한 피해액을 약 1조 818억 원으로 확정하고 **복구비**로 역대 최대 규모인 1조 8,809억 원을 지원하기로 했어요.

출처: 매일경제신문

이번 산불로 인해 총 183명의 인명피해가 발생했으며 이 가운데 27명이 숨지고 156명이 다쳤어요. 숲 10만 4,000**헥타르**가 불에 탔고 주택 3,848동과 농·어업 시설 6,106곳, 문화재와 도로 같은 공공시설 769곳이 피해를 보았답니다. 이는 산불 관리 통계를 작성한 1987년 이후 최대 규모예요.

정부는 유가족과 부상자에게 장례비와 생계비를 지원하고 산불 진화 과정에서 숨진 공무원과 진화대원에게는 별도의 보상금을 지급하기로 했어요. 또 집을 잃은 주민에게 최소 1억 원 이상을 지원하고 주택 철거와 쓰레기 처리 비용도 모두 국가에서 부담하기로 결정했답니다.

이번 복구비는 2022년 강원·경북 산불 때 투입된 4,170억 원의 4배를 넘어요. 중대본은 신속한 복구를 위해 **예비비**를 사용하고 필요하면 추가 재정을 투입할 예정이에요. 전문가들은 이번 산불이 단순한 재난을 넘어 국가 경제에도 영향을 준다고 분석해요. 피해로 농작물 생산과 관광객이 줄고 지역 일자리와 소득도 감소할 수 있기 때문이에요. 자연재해는 삶과 안전뿐 아니라 경제에도 큰 영향을 미쳐요.

어휘 쏙쏙

- **복구비**: 훼손되거나 없어진 것을 이전의 상태로 회복하는 데 드는 비용.
- **헥타르**: 1헥타르는 10,000제곱미터(기호: ha).
- **예비비**: 정부 예산 편성 시 예측하기 어려운 지출이나 예산이 부족할 때 쓰기 위해 마련해 두는 비용.

The 똑똑하게 신문 읽기

중앙재난안전대책본부는 신속한 산불 복구를 위해 어떻게 하겠다고 했나요?

쏙쏙 경제 심화 학습

우리나라 정부 예산은 얼마일까요?

정부 예산은 나라에서 1년 동안 돈을 어디에 얼마나 쓸지 미리 정해 놓은 계획이에요. 마치 집에서 한 달 동안 용돈을 어디에 쓸지 미리 계획을 세우는 것과 비슷하죠. 정부는 세금이나 여러 방법으로 돈을 모은 뒤, 그 돈을 국민의 생활을 편리하게 하고 나라를 발전시키는 데 써요. 예를 들어 학교를 짓거나 도로를 만들고, 병원이나 경찰 같은 공공서비스를 운영하는 데 이 예산이 쓰여요.

우리나라의 2025년 총예산은 677조 4천억 원이에요. 이 안에는 혹시 모를 일을 대비해 따로 빼놓은 예비비 1조 4천억 원도 포함되어 있답니다.

구분	2024년 예산	2025년 예산안
세입	612.2조 원	651.8조 원
세출	656.6조 원	677.4조 원
예비비	약 1.3조 원	약 1.4조 원

출처: 기획재정부

메타인지가 쏙쏙

내가 대통령이라면? 예산을 어디에 가장 먼저 사용할까요? 그리고 그 이유는 무엇인가요?

	사용해야 할 곳	선택의 이유
1순위		
2순위		
3순위		

Part 5. 환경

친환경차가 대세!
처음으로 내연차보다 더 많이 팔렸어요

국내 자동차 시장에서 전기차를 포함한 **친환경차** 판매량이 처음으로 **내연차**를 넘어섰어요. 산업통상자원부에 따르면 5월 판매 차량 14만 1,865대 중 친환경차는 7만 3,511대로, 전체의 51.8%를 차지했어요. 전년 동월 대비 39% 늘었고, 특히 전기차 판매가 60.3% 증가하며 상승세를 이끌었어요.

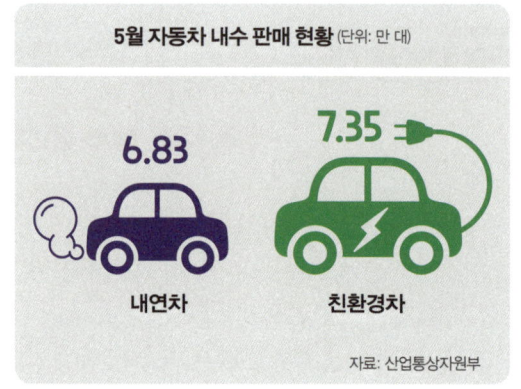

이번 성장은 여러 요인이 맞물린 결과로 분석돼요. 다양한 차급의 신차가 출시되면서 소비자 선택의 폭이 넓어졌고, 정부의 전기차 보조금 조기 집행도 긍정적인 영향을 준 것으로 보여요.

다만 산업부는 전기차 시장의 '캐즘(Chasm)'을 완전히 벗어난 것인지 하반기까지 지켜봐야 한다고 밝혔어요. 지난해 국내 전기차 시장은 2년 연속 **역성장**을 겪었고, 특히 12월 판매량은 전년 대비 49.3% 급감했어요. 이는 세계적인 전기차 캐즘과 2023년 8월 수입 전기차 화재 사고의 여파로 수요가 위축된 결과로 보여요.

전문가들은 앞으로 전기차 시장이 안정적인 성장세를 유지하려면 가격 경쟁력 확보, 충전 인프라 확대, 배터리 안전성 강화가 필요하다고 보고 있어요.

어휘 쏙쏙

- **친환경차**: 대기 오염 물질 배출을 줄이거나 없앤 자동차(전기차, 하이브리드차, 수소차 등).
- **내연차**: 휘발유나 경유 등 화석 연료를 사용하여 움직이는 자동차.
- **캐즘(Chasm)**: 어떤 제품이 처음 나왔을 때는 새로워서 사는 사람(수요)이 많았다가, 시간이 지나며 사는 사람이 줄어드는 시기. 이후 다시 사는 사람이 늘어나기 전까지 생기는 '수요의 빈틈'을 의미.
- **역성장**: 성장률이 마이너스를 기록한 상태. 경제나 산업 규모가 전년에 비해 줄어드는 것.

The 똑똑하게 신문 읽기

전기차가 친환경차 판매량의 상승세를 이끌 수 있었던 이유는 무엇인가요?

 쏙쏙 경제 심화 학습

6년 만에 13배 늘어난 전기차

출처: 셔터스톡

국제에너지기구(IEA)에 따르면, 2023년 말 전 세계 전기자동차 누적 등록 대수는 4천만 대를 넘어섰어요. 2017년 약 300만 대에서 불과 6년 만에 13배 이상 증가한 수치예요. 국가별로는 중국, 유럽, 미국 순이며, 특히 중국이 세계 시장의 절반 이상을 차지하고 있어요.

전기차 보급 확대와 함께 충전 인프라도 빠르게 늘고 있어요. 2023년 말 기준, 경량 전기차(승용차, 소형 상용차 등)용 충전기는 전 세계에 4천만 기 이상 설치됐어요. 이 중 가정용·개인용 비중이 가장 크지만, 공공 완속·급속 충전기도 꾸준히 늘고 있어요. 충전 환경이 개선되며 전기차 이용 편의성도 점차 높아지고 있음을 보여줘요.

 메타인지가 쑥쑥

정부가 전기차를 구입할 때 보조금을 주는 가장 큰 이유는 무엇일까요?
① 전기차 배터리를 새로 개발하려고
② 국산 전기차의 수출을 늘리려고
③ 전기차 기술을 빠르게 발전시키려고
④ 가격 부담을 줄여서 더 많이 보급하려고

정답: ④

배에서 나오는 탄소에도 세금을 내야 한다고요?

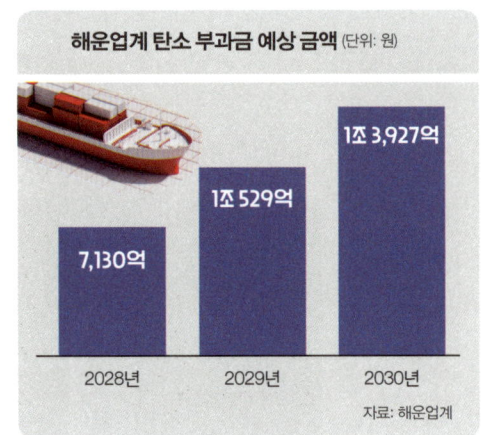

해운업계 탄소 부과금 예상 금액 (단위: 원)
- 2028년: 7,130억
- 2029년: 1조 529억
- 2030년: 1조 3,927억

자료: 해운업계

앞으로는 바다에서 물건을 실어 나르는 배도 탄소를 많이 내보내면 '탄소세'라는 세금을 더 내야 해요. 탄소는 지구를 뜨겁게 만드는 기체로 온실가스라고도 불려요. 국제해사기구(IMO)는 지구 온난화를 막기 위해 배에서 나오는 탄소를 줄이는 계획을 발표했어요.

지난 4월 해양수산부는 2023년을 기준으로 국내 **해운**회사들이 내야 할 **부과금**이 수천억 원에 이를 것이라고 했어요. 분석에 따르면 2028년에는 부과금이 약 7,000억 원이지만, 2년 뒤에는 약 1조 4,000억 원으로 거의 두 배가 될 수 있다고 해요.

탄소세가 큰 걱정거리인 이유는, 현재 운항 중인 배 중 친환경 배가 100척 중 6척도 안 되는 5.9%뿐이기 때문이에요. 새로 만드는 친환경 배도 대부분 2028년 이후에야 나올 수 있어요. 무역으로 돈을 벌어야 하는데 탄소세를 많이 내면 운반비가 오르고 물건 가격도 올라 국제 경쟁력이 떨어질 수밖에 없어요.

또 다른 문제는 친환경 연료가 부족하다는 거예요. 바이오디젤이나 액화천연가스(LNG) 같은 연료는 수요에 비해 공급이 많이 모자라요. 그래서 해운업계는 당장은 연료를 다양하게 쓰는 방법을 찾고 **장기**적으로는 친환경 배를 늘릴 계획이에요. 결국 탄소세 폭탄을 피하려면 친환경으로 빨리 바꾸는 회사가 성공할 거라고 예상돼요.

어휘 쏙쏙

- **해운**: 배로 바다를 통해 물건이나 사람을 실어 나르는 일.
- **부과금**: 세금이나 비용을 매겨서 내도록 한 돈.
- **장기**: 오랜 시간 동안 계속되는 것.

The 똑똑하게 신문 읽기

2030년 우리 해운업계가 탄소세로 내야 하는 돈은 얼마일까요?

 쏙쏙 경제 심화 학습

탄소 가격 제도 쉽게 알아보기

전 세계는 지구 온난화 같은 환경오염 문제를 해결하기 위해 탄소 중립 제도를 실천하고 있어요. 탄소 중립이란 나무를 심는 등 탄소를 흡수하는 양을 늘려, 우리가 내보내는 탄소의 양과 같게 해서 탄소 배출량이 '0'이 되도록 하는 거예요.
예를 들어, 탄소를 많이 내보내는 회사나 사람에게 탄소세를 걷거나, 탄소가 많이 배출되는 물건을 다른 나라에서 들여올 때 관세를 매기는 제도가 있어요.

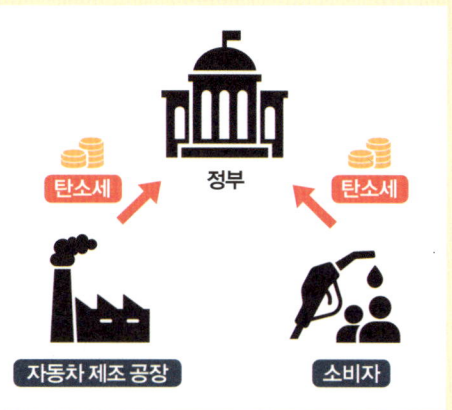

 메타인지가 쏙쏙

정부는 탄소를 줄이기 위해 탄소 가격 제도를 도입했어요. 1톤의 탄소를 배출할 때마다 하루에 10만 원의 탄소세를 내야 해요. A, B 공장은 각각 얼마의 탄소세를 내야 할까요?

공장	하루 탄소 배출량
A 공장	20톤
B 공장	5톤

① A 공장 100만 원, B 공장 30만 원
② A 공장 200만 원, B 공장 50만 원
③ A 공장 250만 원, B 공장 70만 원
④ A 공장 2300만 원, B 공장 100만 원

정답: ②

011 불가사리를 보물로 바꾸는 놀라운 발명

스타스테크는 바다에서 조개나 전복 같은 해산물을 먹어 어부들에게 피해를 주는 불가사리를 모아 다시 쓸모 있게 만드는 회사예요. 보통 불가사리는 그물에 걸리면 돈을 들여 버려야 하지만, 이 회사는 무료로 가져와 **제설제**, 화장품, 비료로 만들어요.

출처: 픽사베이

불가사리 안의 스펀지처럼 구멍이 많은 물질은 제설제가 눈을 녹인 뒤 생기는 오염물질을 빨아들여 환경을 지켜줘요. 이 제설제는 도로나 자동차를 덜 상하게 해서 캐나다 고속도로에서도 쓰이고 있어요. 그리고 불가사리에서 얻은 **콜라겐**은 화장품에 쓰고 남은 찌꺼기는 비료로 만들어서 버리는 것이 없어요.

양승찬 대표는 군대에서 눈을 치우다 불가사리 제설제를 떠올렸고, 대학 친구들과 창업해 8년 만에 연 매출 300억 원이 넘는 회사로 키웠어요. 지금은 국내 제설제 시장 1위예요.

스타스테크는 해외에도 제품을 팔고, 최근엔 반도체 공장에서 나오는 **폐산**을 이용해 금속 부식 방지제와 물을 깨끗하게 하는 약도 만들고 있어요. 이렇게 버려진 물건을 다시 쓸모 있게 만드는 것을 **업사이클링**이라 하며, 회사는 '쓰레기로 환경을 지키자'라는 목표로 새로운 환경 기술을 계속 개발하고 있답니다.

어휘 쏙쏙

- **제설제**: 길 위의 눈을 빨리 녹이는 약품.
- **콜라겐**: 피부를 탱탱하고 건강하게 해주는 단백질 성분.
- **폐산**: 화학 공장에서 생산 과정에 한 번 쓰고 난 뒤 버려지는 산.
- **업사이클링(Upcycling)**: 향상시키다(Upgrade)와 재활용(Recycling)의 합성어로, 버려진 물건을 더 좋은 물건으로 다시 만드는 과정. 우리 말로 '새활용'이라고도 함.

The 똑똑하게 신문 읽기

이 회사가 불가사리를 활용해 만드는 제품은 무엇인가요? 3가지를 적어 보세요.

 쏙쏙 경제 심화 학습

'업사이클링'과 '리사이클링'은 뭐가 다른가요?

업사이클링과 재활용은 둘 다 버려진 물건을 다시 쓰지만, 결과가 달라요. 업사이클링은 버려진 물건을 더 가치 있고 좋은 물건으로 만드는 것으로, 원래보다 품질이나 가치가 높아져요. 재활용은 버려진 물건을 원재료로 만들어 비슷한 용도로 쓰는 거예요.

예를 들어, 플라스틱병을 녹여 새 플라스틱병을 만드는 것이 재활용이에요. 원래 가치와 비슷하거나 낮아질 수 있어요. 즉, 업사이클링은 '가치를 높이는 재사용', 재활용은 '같거나 비슷한 용도로 쓰는 재사용'이에요.

 메타인지가 쏙쏙

다음 사례를 읽고, '업사이클링'인지 '재활용'인지 표시하세요.

① 헌 옷으로 멋진 가방을 만든다. (업사이클링 / 재활용)

② 종이를 잘게 찢어 새 종이를 만든다. (업사이클링 / 재활용)

③ 폐타이어를 잘라 놀이터 바닥에 깐다. (업사이클링 / 재활용)

④ 플라스틱병을 녹여 새 플라스틱병을 만든다. (업사이클링 / 재활용)

정답: ① 업사이클링, ② 재활용, ③ 업사이클링, ④ 재활용

012 비가 많이 오면 보험회사는 왜 힘들어질까요?

보험회사는 사람들이 자동차 사고나 화재, 홍수 같은 큰 피해를 입었을 때 대신 돈을 보상해 줘요. 그런데 최근 짧은 시간에 많은 비가 쏟아지는 폭우와 여러 대형 사고가 이어지면서 **보상금**이 크게 늘었어요.

예를 들어 광주에서는 폭우로 도로와 자동차가 잠겼고, 지난 5월 금호타이어 공장에서 대규모

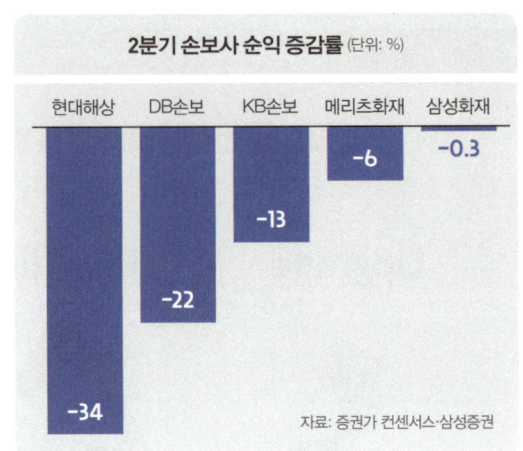

화재도 있었죠. 이런 피해가 잇따르자 보험회사의 이익이 줄었답니다.

올해 4~6월(2분기) 보험회사의 수익은 작년보다 14% 줄었어요. 게다가 7월에도 폭우가 이어져 차가 침수된 사고만 3,700건이 넘었고, 피해 금액은 364억 원 이상이에요. 이런 상황은 쉽게 끝나지 않을 수 있어요. 기후 변화로 인해 폭우·태풍·폭설 같은 극한 날씨가 더 자주, 더 강하게 나타날 가능성이 커졌기 때문이에요. 보험회사는 재해가 발생하면 큰돈을 보상해야 하기에 날씨 변화에 민감할 수밖에 없어요.

이 때문에 몇몇 보험회사는 이미 자동차 보험료를 5~10% 올리기 시작했어요. 앞으로도 자연재해로 인한 대형 피해가 반복되면, 보험료 인상은 더 잦아질 수 있어요. 보험회사는 사람들의 **안전망** 역할을 하지만, 동시에 기후 변화와 재난에 따라 **재정**이 크게 흔들리는 산업이기도 하답니다.

어휘 쏙쏙

- **보상금**: 사고나 피해를 당했을 때, 그 손해를 갚으려고 주는 돈.
- **안전망**: 어려운 상황이 생겼을 때, 사람들을 도와주는 제도나 장치.
- **재정**: 나라, 회사, 또는 집에서 돈을 모으고 쓰는 상태나 방법.

The 똑똑하게 신문 읽기

이상 기후와 자연재해가 많이 발생할수록 보험료가 인상될 수 있는 이유는 무엇인가요?

 쏙쏙 경제 심화 학습

보험은 어떤 때 도움이 될까?

우리는 살면서 아프거나 차 사고, 집에 불이 나는 등 예상 못한 일을 겪을 수 있어요. 이런 상황에서는 수리비나 병원비처럼 큰돈이 필요하죠. 이럴 때를 대비해 있는 것이 바로 '보험'이에요. 보험은 매달 조금씩 돈을 내다가 어려운 일이 생기면 도움을 받을 수 있는 제도예요. 예를 들어 자동차 사고가 나면 수리비를, 병원에 입원하면 치료비를 일부 대신 내줘요.

조금 특별한 보험도 있어요. 우주여행 중 사고 보험, 유명 셰프의 손가락 보험, 축구선수의 다리 보험처럼 특정 직업이나 상황에 맞춘 보험도 있답니다.

하지만 모든 보험에 다 가입하는 것이 좋은 건 아니에요. 보험에 가입하면 보험료를 꾸준히 내야 해서, 나에게 꼭 필요한 보험인지, 감당할 수 있는지 꼼꼼히 따져본 뒤 결정하는 것이 현명해요.

 메타인지가 쏙쏙

기후 변화로 생기는 피해를 줄이기 위한 특별한 날씨 보험을 하나 만들어 보세요.

대비할 재해	
보상 조건	
보상 금액	

013
환경도 지키고 교통비도 아끼는 기후동행카드

출처: 서울시

서울시가 만든 '기후동행카드'가 나온 지 100일 만에 124만 장이나 팔리며 **돌풍**을 일으키고 있어요. 이 카드는 지하철, 시내버스, 마을버스, 그리고 서울시의 공공 자전거인 '따릉이'를 30일 동안 마음껏 탈 수 있는 **정기권**이에요. 일반 가격은 6만 5,000원이고 따릉이를 제외하면 6만 2,000원이랍니다. 이 카드를 쓰는 사람들은 한 달에 평균 3만 원 정도 교통비를 아꼈다고 해요.

기후동행카드의 가장 큰 장점은 환경을 지키는 데 도움을 준다는 거예요. 자가용 대신 버스와 지하철 같은 대중교통을 많이 타면 자동차가 덜 움직여 공기 오염이 줄어들어요. 실제로 이 카드가 나온 뒤 4개월 동안 자동차 운행이 약 10만 대 줄었는데 이것은 20년 된 나무 110만 그루를 심은 효과와 같대요.

또, 이 카드를 **소지**하고 있으면 국립발레단 공연, 서울시립과학관, 서울대공원, 서울식물원 같은 여러 문화시설에서도 할인받을 수 있어요. 만 19세부터 39세까지 청년들은 7,000원이나 더 싼 가격으로 카드를 살 수 있어서 학생들과 젊은 층에 특히 인기가 많아요.

이렇게 기후동행카드는 교통비를 아끼고, 환경도 보호하고, 다양한 문화생활까지 즐길 수 있는 정말 유용한 카드랍니다. 앞으로는 더 많은 지역과 교통수단에서도 쓸 수 있도록 범위가 넓어질 계획이에요.

어휘 쏙쏙

- **돌풍**: 갑작스럽게 사회적으로 많은 관심을 끌거나 많은 영향을 끼치는 현상.
- **정기권**: 일정한 기간 동안 정하여진 구간을 왕복할 수 있는, 기차나 전철 따위의 승차권.
- **소지**: 물건을 지니고 있는 일, 또는 그런 물건.

The 똑똑하게 신문 읽기

기후동행카드의 가장 큰 장점은 무엇인가요?

 쏙쏙 경제 심화 학습

녹색 구매가 무엇인가요?

녹색 구매는 지구를 지키기 위해 오염을 적게 만들고 환경에 도움이 되는 물건을 사는 것을 말해요. 예를 들어 '친환경마크'가 붙은 제품은 온실가스나 오염물질이 적게 나오는 물건이고, '우수재활용마크'가 붙은 제품은 재활용해서 만든 품질 좋은 물건이에요. 그래서 이런 표시가 있는 물건을 고르면 쓰레기를 줄이고 지구를 아낄 수 있어요.

친환경마크

 온실가스 및 환경오염물질 배출량까지 환경부에서 엄격한 기준으로 평가해 부여하는 마크입니다.

우수재활용마크(GR)

 품질이 우수하고 환경친화성이 큰 재활용제품에 대해 품질을 인증하는 마크입니다.

메타인지가 쏙쏙

기후동행카드를 디자인해 보세요.

원본

책 읽기가 멋있는 시대, 종이 매체의 귀환

유튜브와 인스타그램 시대에 종이 **매체**가 다시 인기를 얻고 있어요. 최근 MZ세대는 **소셜미디어**에 책과 신문 읽은 소감을 올리거나, 함께 모여 이야기를 나누는 독서 모임을 즐기지요. 글을 읽는 게 멋있다는 뜻의 '**텍스트힙**(Text Hip)', 책 읽는 즐거움을 표현한 '독파민'(독서+**도파민**), '오독완'(오늘의 독서 완료) 같은 신조어도 생겼어요.

출처: 서울시

미국 하버드대에서 발표한 보고서에 따르면, 인쇄된 책이나 신문은 사람을 자극적인 즐거움에서 벗어나게 하고 더 중요한 것에 집중하게 만든대요. 미국의 유명 언론사인 '디 어니언(The Onion)'도 이런 변화를 알고 10년 만에 다시 종이 신문을 만들었지요.

이런 흐름과 함께 '필사'도 인기예요. 교보문고 관계자는 'AI 시대에도 여전히 글을 잘 쓰는 능력이 중요해서 많은 사람이 좋은 문장을 따라 쓰며 연습하는 걸 좋아한다'라고 말했어요. 그래서 요즘에는 문학 작품뿐 아니라 헌법, 노래 가사, 위로가 되는 문장을 필사하는 책들도 다양하게 나오고 있답니다.

서울시에서도 이런 흐름에 맞춰, 전국 지자체 중 처음으로 4월부터 약 1만 명이 참여하는 '힙독클럽'을 만들기로 했어요. '힙독클럽'은 '힙하다'와 읽을 '독(讀)'을 합친 말이라고 해요.

어휘 쏙쏙

- **매체**: 어떤 소식이나 사실을 널리 전달하는 물체나 수단(미디어).
- **소셜미디어**: SNS나 블로그 등 서로의 생각을 공유하기 위해 사용하는 온라인상의 콘텐츠.
- **텍스트**: 문장이 모여서 이루어진 한 덩어리의 글.
- **도파민**: 신경조절물질로 즐거움과 행복을 느끼게 하는 호르몬.

The 똑똑하게 신문 읽기

재밌는 동영상이 온라인에 가득한데도 젊은 층을 중심으로 다시 종이 매체가 뜨고 있는 이유는 무엇인가요?

쏙쏙 경제 데이터 분석

데이터 읽기가 왜 중요한가요?

데이터는 어떤 이론을 세울 때 바탕이 되는 사실이나 자료를 말해요. 경제 공부도 데이터를 잘 살펴보는 것에서 시작돼요. 숫자를 비교하거나 그래프로 그려 보면 내용을 훨씬 쉽게 이해할 수 있거든요. 아래 이미지를 볼까요? 막대그래프를 보면 사람들이 책을 읽는 가장 큰 이유가 마음의 성장을 위해서라는 걸 알 수 있어요. 또 필사 관련 책이 2023년 57권에서 2024년 82권으로 늘어난 것도 한눈에 보이지요. 이런 데이터를 통해 앞으로도 필사책이 더 많이 나올 거라고 예상할 수 있어요.

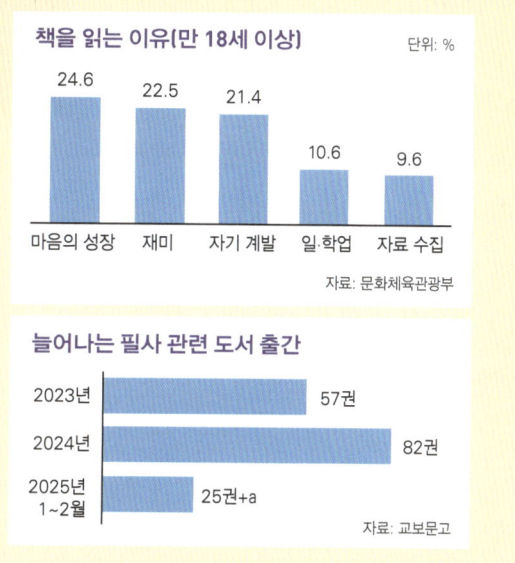

책을 읽는 이유(만 18세 이상) (단위: %)
- 마음의 성장: 24.6
- 재미: 22.5
- 자기 계발: 21.4
- 일·학업: 10.6
- 자료 수집: 9.6

자료: 문화체육관광부

늘어나는 필사 관련 도서 출간
- 2023년: 57권
- 2024년: 82권
- 2025년 1~2월: 25권+a

자료: 교보문고

메타인지가 쏙쏙!

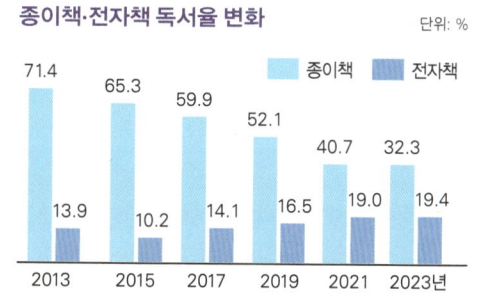

종이책·전자책 독서율 변화 (단위: %)

연도	종이책	전자책
2013	71.4	13.9
2015	65.3	10.2
2017	59.9	14.1
2019	52.1	16.5
2021	40.7	19.0
2023년	32.3	19.4

독서율: 최근 1년 내 해당 매체를 통해 1권 이상 독서한 비율
만 19세 이상 성인 5,000명 대상 조사
자료: 문화체육관광부

다음 그래프를 보고 질문에 답해 보세요.

① 전자책 독서율이 가장 낮았던 해와 높았던 해는 언제인가요? (순서대로)

② 2013년과 2023년을 비교했을 때, 종이책 독서율은 몇 % 줄어들었나요?

정답: ① 2015년, 2023년 ② 39.1%

대한민국, 다시 책에 빠지다! 한강 작가가 불러온 변화

출처: 매일경제신문

　2024년, 한강 작가가 한국인 최초로 **노벨 문학상**을 받으면서 국내에 독서 열풍이 일고 있어요. 대표작 《소년이 온다》는 2024년 1~2월 전체 판매 1위를 차지했고, 《작별하지 않는다》와 《채식주의자》도 상위권에 올랐어요. 이런 분위기 속에 과거 책 소개 방송 MBC 〈느낌표 – 책책책 책을 읽읍시다〉가 웹 예능으로 다시 찾아올 예정이에요. 이 코너는 과거 25권의 책을 소개하며 1,000억 원 넘는 경제 효과를 내기도 했어요.

　온라인 서점 예스24에 따르면 2024년 1~2월 책 판매량은 전년보다 1% 늘었고, 사회·정치 33.7%, 문학 21.2%, **인문** 10.2% 증가했어요. 특히 한강 작가의 인기가 문학 분야 상승을 이끌었고, 정치인 책과 **헌법** 관련 도서도 주목받고 있어요.

　이런 흐름은 반가운 변화예요. 우리나라 성인의 독서율은 여전히 낮은 편이기 때문이에요. 2023년 문화체육관광부 조사에 따르면, 성인 중 1년에 책을 1권 이상 읽은 사람은 43%, 평균 독서량은 3.9권으로, 세계 평균 약 12권보다 많이 부족해요. 정부도 대응에 나섰어요. 문화체육관광부는 '제4차 독서문화진흥 기본계획(2024~2028)'을 세우고, 매년 9월을 '독서의 달'로 정해 다양한 독서 프로그램을 진행하고 있어요.

어휘 쏙쏙

- **노벨 문학상**: 스웨덴의 화학자 노벨의 유언에 따라 수여되는 상의 하나. 매년 세계에서 인류의 복지를 위해 가장 큰 공헌을 한 문학가를 선정하여 주는 상.
- **인문**: 사람과 사회, 생각과 문화에 대해 배우는 분야.
- **헌법**: 나라의 가장 기본이 되는 법으로, 국민의 권리와 국가의 운영 방식이 담겨 있음.

The 똑똑하게 신문 읽기

한강 작가가 노벨 문학상을 받은 뒤, 어떤 변화가 생겼나요?

 쏙쏙 경제 심화 학습

책 판매량도 경제 흐름과 함께 움직여요!

책 판매량은 해마다 달라져요. 사람들의 생활 습관, 관심사, 사회 분위기 때문이에요. 2020~2021년에는 코로나로 집에 머무는 시간이 늘면서 책을 많이 읽었고, 2022년에는 야외 활동이 늘며 판매량이 줄었어요. 2023년엔 다시 책을 찾는 분위기가 생겼지만, 2024년에는 다양한 즐길 거리로 인해 독서가 줄었어요.

그러다 2025년에는 한강 작가가 큰 상을 받으면서 문학에 대한 관심이 높아졌고, 책 읽기도 조금 늘었어요. 한강 작가의 책이 100만 부 가까이 팔리면서 출판업계와 제지업계 매출도 함께 늘었다고 해요.

1·2월 도서 판매량 (단위: %)
- 2022년: −9.9
- 2023년: 0.6
- 2024년: −10.7
- 2025년: 1.0

자료: 예스24

 **메타인지가 쑥쑥**

책이 많이 팔리면 어떤 경제 활동이 함께 일어날까요? O, X로 표시해 보세요.

① 출판사에 일자리가 늘어난다 (O / X)
② 책을 찍어내는 인쇄소도 바빠진다 (O / X)
③ 책을 만드는 사람의 수입이 줄어든다 (O / X)
④ 택배, 서점, 작가 모두 경제에 영향을 준다 (O / X)

정답: O, O, X, O

내가 책을 더 읽기 위해 할 수 있는 실천을 적어 보세요.

꼭 필요한 것만 사는 요노족의 똑똑한 소비 습관

요즘 20~30대 사이에서 '요노족'이라는 새로운 소비 방식이 인기를 끌고 있어요. 요노(YONO)는 You Only Need One, 즉 '하나면 충분해!'라는 뜻으로, 꼭 필요한 것만 사고 불필요한 소비를 줄이는 걸 말해요. 욜로(YOLO)가 '하고 싶은 건 다 해보자'라면, 요노는 '조금만 쓰고 가치 있는 곳에 쓰자'라는 개념이에요.

요노족은 어떻게 돈을 쓸까요? 요노족은 점심 도시락, 회사 커피, 광고 포함 저렴한 요금제, 무료 앱 등을 활용하고, '무지출 챌린지' 같은 놀이도 즐겨요. 하루를 아무것도 안 사고 보내며 뿌듯함을 느끼죠.

이런 흐름에 맞춰 기업들도 움직이고 있어요. 편의점에선 800원 커피, 990원 삼각김밥, 290원 캡슐커피 같은 초저가 상품이 등장하고 음악 앱은 무료 스트리밍 서비스를 내놓았어요.

그렇다고 요노족이 무조건 돈을 아끼기만 하는 건 아니에요. 여행, 취미, 자기 계발에는 기꺼이 돈을 써요. 고물가·고환율 속에서 단거리 해외여행(일본, 동남아), 삶과 연계된 클래스(**자기 계발**·독서 모임), 건강한 취미 등에 투자하며 '**가심비**'를 중시해요. 이처럼 요노족은 단순히 절약을 넘어 삶을 주도적으로 계획하며 소비해요. '그냥 해보는 경험'보다 '하지 않으면 손해일 것 같은 경험'을 선택하며, 불황 속에서도 의미 있는 소비를 실천하는 존재로 주목받고 있어요.

어휘 쏙쏙

- **자기 계발**: 자기 안에 있는 슬기나 재능을 스스로 더 잘하게 만들려고 노력하는 것.
- **가심비**: '가성비 + 마음 심(心)'의 합성어로써 가성비뿐만 아니라 심리적인 만족감까지 채워주는 소비 형태를 의미함.

The 똑똑하게 신문 읽기

기업들은 요노족을 위해 어떤 상품과 서비스를 만들고 있을까요?

 쏙쏙 경제 심화 학습

요노족과 욜로족은 무엇이 다를까요?

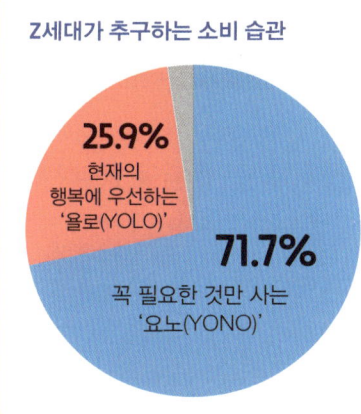

Z세대가 추구하는 소비 습관
- 25.9% 현재의 행복에 우선하는 '욜로(YOLO)'
- 71.7% 꼭 필요한 것만 사는 '요노(YONO)'

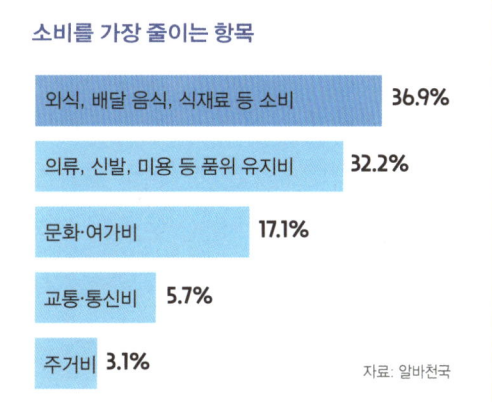

소비를 가장 줄이는 항목
- 외식, 배달 음식, 식재료 등 소비 36.9%
- 의류, 신발, 미용 등 품위 유지비 32.2%
- 문화·여가비 17.1%
- 교통·통신비 5.7%
- 주거비 3.1%

자료: 알바천국

그래프를 보면 Z세대 중 71.7%가 요노족처럼 꼭 필요한 것만 소비하고 있어요. 반면 욜로처럼 지금의 즐거움을 위해 소비하는 비율은 25.9%에 불과해요. 즉, Z세대는 꼭 필요한 소비만 하려는 경향이 강해요. 요노족은 단순히 돈을 아끼려는 것이 아니라, 덜 중요한 소비를 줄이고 진짜 가치 있는 곳에 돈을 쓰고 싶어 해요. 외식, 배달, 식재료, 의류, 미용 같은 생활비를 줄여 꼭 필요한 곳에 집중하는 거예요.

메타인지가 쏙쏙

요노족이 1,000원짜리 삼각김밥이나 광고형 음악 앱을 사용하는 이유는 무엇일까요?

① 돈을 전혀 쓰지 않으려고
② 내가 아닌 남을 위해 절약하려고
③ 돈을 적게 쓰면서도 자신에게 만족스러운 소비를 하려고 해서
④ 삼각김밥이랑 광고를 좋아해서

정답: ③

'천천히 늙기'가 인기라고? 2030의 건강 전략

요즘 10대와 20대, 심지어 대학생과 직장인도 천천히 늙고 싶다는 말을 자주 해요. 예전에는 건강 챙기기가 어른들의 일이었지만, 이제는 젊은 층에서도 저속노화 습관이 유행하고 있어요. **저속노화**는 나이를 억지로 막기보다는 천천히 자연스럽고 건강하게 나이 드는 걸 말해요.

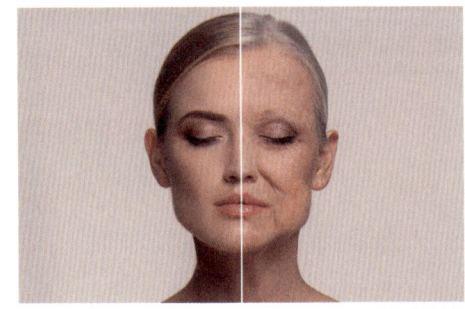

출처: 셔터스톡

이런 생각이 생긴 이유 중 하나는 '조기 노화' 때문인데, 요즘 10대와 20대는 부모 세대보다 10~15년 빨리 피로, **호르몬** 문제, **성인병**을 겪는다고 해요.

그 원인은 부족한 수면, 가공식품 섭취, 스트레스, 스마트폰 사용 같은 생활 습관이에요. 이런 몸의 변화는 '가속노화'라고 불러요. 그래서 많은 젊은이들이 지금부터 건강한 습관을 실천하고 있어요. 제로슈거 음료를 마시고, 채소와 잡곡을 먹으며, 무리한 다이어트 대신 꾸준히 운동하는 식이죠. 지금 건강을 챙겨야 나중에도 건강하다는 믿음이 있기 때문이에요.

이런 변화는 개인의 삶뿐 아니라 경제에도 영향을 미치고 있어요. 건강식을 파는 식당과 편의점, 저속노화 정보를 공유하는 유튜브나 SNS까지 새로운 소비와 시장이 생기고 있어요. 이제는 단순히 오래 사는 것보다 '건강하게' 오래 사는 것이 더 중요해졌어요. 나는 천천히 늙고 싶다는 말은 단순한 소원이 아니라, **100세 시대**를 앞두고 지금부터 실천할 수 있는 똑똑한 선택이에요.

어휘 쏙쏙

- **저속노화**: 나이가 들긴 하지만, 천천히 건강하게 늙어가는 것.
- **호르몬**: 몸의 성장을 도와주고 기분이나 활동을 조절하는 신호 물질.
- **성인병**: 어른들에게 주로 생기는 병으로, 당뇨나 고혈압처럼 오래가는 병.
- **100세 시대**: 사람들이 평균적으로 100살 가까이 오래 사는 시대.

 **The 똑똑하게 신문 읽기**

요즘 10대, 20대가 건강을 미리 챙기기 시작한 이유는 무엇인가요?

 쏙쏙 경제 심화 학습

건강을 바라보는 생각이 어떻게 달라졌을까요?

시기	키워드	내용	주 반응 연령대
2000년대	웰빙 (Well-being)	- 여유 추구하며 '잘 살기'를 지향- 건강 외에도 여행, 패션, 가치 등에도 적용	전 연령
2010년대	안티에이징 (Anti-aging)	- 노화를 방지하고 젊음을 되찾으려는 접근 - 피부 미용·에스테틱 등 외모 관리에 집중	40대 이상
2020년대	저속노화 (Slow-aging)	- 노화를 인정하며 속도를 늦추자는 움직임 - 식단, 운동, 수면, 스트레스 등 생활 관리 중심	20~30대
미래	급진적 수명 연장 (Radical longevity)	- 생명과학 기술로 노화를 되돌리려는 연구 - 유전자 편집·세포 재프로그래밍 등 기술	고령층

사람들이 건강을 생각하는 방식은 해마다 달라져요. 2000년에는 '웰빙', 2010년에는 '안티에이징', 2020년대에는 '저속노화'가 유행했어요. 이런 흐름에 따라 무엇을 사고, 어떤 서비스가 인기 있는지도 달라졌지요. 웰빙이 유행하던 시절엔 유기농 식품, 천연 비누, 아로마 제품 같은 '기분 좋은 소비'가 인기였고, 안티에이징 시대에는 보톡스, 기능성 화장품, 성형 산업이 성장했어요. 요즘 저속노화가 주목받으면서는 제로슈거 음료, 단백질 간식, 홈트 같은 건강 습관 관련 제품이 인기를 얻고 있어요.
앞으로는 유전자 건강 검사, AI 건강 관리, 맞춤형 건강식품 등 기술 기반의 건강 산업이 더 커질 것으로 보여요.

 메타인지가 쏙쏙

왜 요즘 젊은 사람들 사이에서 '저속노화'가 중요해졌을까요?
① 건강보다 외모가 더 중요해서
② 병원에 자주 가기 위해
③ 어려서부터 몸이 빨리 지치는 걸 느꼈기 때문에
④ 부모님이 시켜서 억지로 하게 되어서

ⓒ :윤금

Part 6. 문화

005
옛날 카메라와 헌 옷, 10대들이 찾는 특별한 멋

요즘 10대와 20대 사이에서는 '빈티지' 스타일이 큰 인기를 끌고 있어요. 빈티지는 예전에 만든 옷이나 물건을 말하는데, 새 옷 대신 중고 옷이나 오래된 물건을 활용해 자신만의 멋을 표현하는 사람들이 늘고 있어요. 남들과 다른 스타일을 찾는 데서 재미를 느끼는 거예요.

출처: 셔터스톡

이런 친구들은 중고 옷을 사거나 친구들과 옷·물건을 바꾸기도 해요. 이렇게 필요한 걸 나누고 다시 사용하는 방식을 '친환경 소비'라고 해요. 멋도 챙기고 환경도 생각할 수 있어 더 의미 있다고 느끼지요. 또 요즘은 우리가 흔히 쓰는 스마트폰보다 화질이 낮은 옛날 디지털카메라나, 전화·문자만 되는 단순한 휴대폰도 다시 인기를 얻고 있어요. '사진이 흐릿하지만 오히려 **감성**적이다'라고 말하는 사람도 있답니다. 불편함 대신 특별함을 느끼는 거예요.

이런 흐름은 외국에서도 마찬가지예요. 미국과 영국에서는 '덤 폰(Dumb Phone)'이라는 기능이 간단한 옛날 핸드폰이 유행하고 있어요. 게임이나 SNS 같은 기능이 없어도, 단순하게 쓸 수 있는 점이 오히려 좋다고 느끼는 사람들이 많아졌어요.

이처럼 10대와 20대는 빈티지 옷과 디지털카메라 같은 물건을 통해 자기만의 **취향**과 개성을 표현하고 있어요. 멋과 환경을 함께 생각하는 새로운 문화가 만들어지고 있는 거예요.

어휘 쏙쏙

- **빈티지**: 낡고 오래된 느낌이 나거나 그러한 분위기를 풍기는 스타일.
- **감성**: 어떤 것을 보고, 듣고, 느낄 때 마음속에서 생기는 따뜻하고 특별한 느낌.
- **취향**: 사람이 좋아하거나 선호하는 방식이나 스타일.

The 똑똑하게 신문 읽기

왜 요즘 청소년들은 옛날 물건에 매력을 느끼고 있을까요?

 쏙쏙 경제 심화 학습

추억을 소비하는 Z세대

요즘 Z세대, 즉 10대와 20대 사이에서는 노스탤지어 소비 트렌드가 인기를 끌고 있어요. 노스탤지어는 지나간 시절에 대한 그리움을 뜻해요. 신기한 점은, 예전 시대를 직접 살아본 적 없는 젊은 세대가 오히려 옛날 감성에 빠져 있다는 거예요. 이들은 오래된 느낌이 나는 빈티지 옷, 옛날 스타일의 물건, 클래식한 디자인에 매력을 느껴요.

출처: 매일경제신문

또 예전과 지금을 섞은 '뉴트로(New+Retro)' 스타일도 인기를 끌고 있어요. 이런 흐름은 한국뿐 아니라 전 세계적으로 나타나고 있어요. 예를 들어, 2000년대 감성을 담은 Y2K 패션이 다시 유행하고 있죠. 이처럼 Z세대가 이끄는 노스탤지어 열풍은 '노스탤지어 경제'라는 새로운 말까지 만들어냈어요.

 메타인지가 쑥쑥

친구 생일 선물을 고르려는데 요즘 유행하는 옛날 스타일 물건들이 있어요. 친구에게 필요한 물건을 사야 할지 고민되는데 여러분이라면 감성과 실용성 중에 어떤 선택을 할 건가요?

나는 (감성 / 실용성) 을 선택했어요.

왜냐하면 _____

Part 6. 문화

새로운 매력으로 다시 태어난 전통문화

요즘 Z세대 사이에서는 '**힙 트래디션**' 열풍이 불고 있어요. '힙 트래디션'은 전통문화를 현대적인 감각과 아이디어로 새롭게 즐기는 것을 말해요. 예를 들어 전통 민요를 힙합 비트에 맞춰 재탄생시키거나, 한복을 세련된 디자인으로 변신시키는 거죠.

출처: 스타벅스코리아

Z세대는 빠르게 변하는 유행 속에서 '변하지 않는 가치'를 주목하며, 한국적인 것이 멋있다는 시선으로 전통문화를 소비하고 있어요. 이런 흐름은 박물관과 전통시장까지 이어지고 있답니다.

서울 경동시장에서는 한동안 비어 있던 경동극장이 '스타벅스 경동1960점'으로 리모델링되며 Z세대의 새 놀이터가 되었어요. 높은 천장과 계단식 좌석, 영화 자막처럼 표시되는 주문 번호 등 옛 영화관 감성을 살린 인테리어가 과거와 현재를 잇는 공간이 되었죠. 국립중앙박물관의 '뮷즈(MU:DS)'는 박물관을 '힙한 굿즈 성지'로 만들었어요. 이 덕분에 2023년 국립중앙박물관은 전 세계 박물관 관람객 수 6위, 아시아 1위를 기록했어요.

Z세대는 이제 **사극**이나 전시회처럼 멀게 느껴지는 방식이 아니라, 일상에서 직접 보고 만지고 경험하는 방법으로 전통문화를 즐기고 있어요. 전통은 과거에 머무르지 않고, 생활 속에서 체험하며 즐기는 콘텐츠로 새롭게 살아나고 있는 거예요.

어휘 쏙쏙

- **힙 트래디션**: 힙(Hip)과 트래디션(Tradition)을 합친 말로, 전통문화를 현대적인 감각으로 새롭게 해석해 즐기는 것.
- **사극**: 옛날 역사에서 있었던 인물이나 사건을 바탕으로 만든 드라마나 영화.

The 똑똑하게 신문 읽기

Z세대가 전통문화를 새롭게 소비하는 방식은 과거와 어떻게 다를까요?

 쏙쏙 경제 심화 학습

굿즈 열풍이 만든 국립중앙박물관 기록 경신

출처: 국립중앙박물관 문화상품 홈페이지

올해 상반기 국립중앙박물관 관람객 수는 271만 명으로, 전년 같은 기간보다 60% 이상 늘어나며 용산 이전 개관 이후 20년 만에 최고치를 기록했어요. 같은 기간 굿즈 매출액도 115억 원으로 역대 최대를 달성했어요. 인기 상품인 까치호랑이 배지와 다양한 협업 제품이 MZ세대의 관심을 끌며, 박물관이 새로운 소비·문화 공간으로 자리 잡고 있죠.
특히 까치호랑이 배지는 넷플릭스 애니메이션 〈케이팝 데몬 헌터스〉 속 호랑이와 비슷한 모습 덕분에 젊은 층 사이에서 폭발적인 인기를 얻고 있어요.

 메타인지가 쏙쏙

전통 시장과 박물관이 Z세대의 방문으로 활기를 되찾는 현상은 어떤 경제 효과를 만들까요?

① 관광 수입 증가
② 전통문화 소멸
③ 상인 수익 감소
④ 지역 상권 침체

정답: ①

Part 6. 문화

007
불확실한 미래가 걱정돼, 운세를 보는 사람들이 늘었어요

출처: 셔터스톡

　MZ 세대라고 불리는 20~30대 사이에서 운세와 사주(자신의 운명을 점치는 방법)가 큰 인기를 끌고 있어요. 예전에는 주로 어른들이 점집에 가서 사주를 봤지만, 요즘 젊은이들은 스마트폰 앱이나 인터넷 강의로 직접 사주를 배우고 점을 보는 일이 많아졌답니다.

　예를 들어 '포스텔러'라는 운세 앱에는 가입한 사람이 900만 명이나 되고, 이 중 80%가 20~30대예요. 이 앱에서는 사주뿐 아니라 **배우자** 운세나 **궁합** 같은 다양한 점을 도표와 그래프로 보기 쉽게 알려줘요. 또 '클래스101' 같은 인터넷 강의 사이트에서는 타로카드, 사주, **풍수지리**, 손금 같은 점 보는 강의가 인기랍니다.

　이런 흐름은 불확실한 미래에 대한 걱정을 덜고, 재미와 호기심을 채우려는 MZ 세대의 마음을 보여줘요. 스마트폰과 인터넷으로 손쉽게 운세를 접하면서, 그들에게는 점이 단순한 미신이 아니라 일상 속 작은 위로와 놀이가 되고 있는 셈이지요. 앞으로도 이런 현상은 더 넓게 퍼질 가능성이 커요.

어휘 쏙쏙

- **배우자**: 부부의 한쪽에서 본 다른 쪽. 남편 쪽에서는 아내를, 아내 쪽에서는 남편을 이르는 말.
- **궁합**: 결혼할 남녀의 사주를 보아 부부로서의 좋고 나쁨을 알아보는 점.
- **풍수지리**: 지형이나 방위를 인간의 좋은 일과 나쁜 일, 행복한 일과 불행한 일과 연결시켜 죽은 사람을 묻거나 집을 짓는 데 알맞은 장소를 구하는 이론.

The 똑똑하게 신문 읽기

MZ세대 사이에서 운세와 사주가 큰 인기를 끌고 있는 이유는 무엇인가요?

쏙쏙 경제 심화 학습

공포 마케팅이란 무엇인가요?

사주나 미신, 운세처럼 사람들의 불확실한 미래에 대한 불안과 두려움을 이용해 돈을 쓰게 만드는 마케팅 방법을 공포 마케팅이라고 해요.

예를 들어 '의대는 초6에 결정된다.'라는 문구로 부모 마음을 불안하게 만드는 학원 광고나, '사고는 언제든 일어난다. 이 보험이 없으면 큰일 난다.'라고 겁을 주는 보험회사 광고가 있어요. 또 '이걸 먹이지 않으면 내 아이를 사랑하지 않는 것과 같다.'라는 식으로 죄책감을 심어주는 제약회사 광고도 있지요. 이렇게 사람들의 걱정과 두려움을 자극해 소비를 유도하는 것이 공포 마케팅이에요.

학원 교습소 거짓 과대 광고 적발 현황 (단위: 건)

- 2022년: 149
- 2023년: 183
- 2024년: 459

자료: 교육부

과대·거짓 광고 대표 유형

선행 학습을 유발하는 광고
학원의 실적·교습 내용을 과장한 광고
강사의 경력을 부풀린 광고
근거 없이 '최고·최대·유일' 등 표현을 쓴 광고

메타인지가 쏙쏙

광고를 보고 문제에 답해 보세요.

① 광고를 본 사람들은 어떤 마음이 들까요?

② 이 광고의 문제점은 무엇일까요?

금보다 비싼 인형!
전 세계가 열광하는 '라부부'

요즘 '라부부'라는 인형이 정말 큰 인기를 얻고 있어요. 이 인형은 귀가 길고 눈이 크며, 입에는 뾰족한 이가 여러 개 있어서 아주 독특하게 생겼어요.

라부부 인형은 '팝마트'라는 장난감 회사에서 만들었어요. 그런데 이 인형은 '**블라인드 박스**'라는 방식으로 팔아요. 박스를 열어보기 전까지 어떤 인형이 들어 있는지 알 수 없어요. 그래서 보통 7개 이상을 사야 원하는 인형을 얻을 수 있어요.

출처: 팝마트

라부부 인형은 블랙핑크의 리사, 가수 리한나, 축구선수였던 베컴의 딸 하퍼 같은 유명한 사람들이 가방에 달고 다니면서 더 유행하게 됐어요. 지금은 중국뿐만 아니라 미국, 일본, 유럽, 중동 등 전 세계에서 사람들이 줄을 서서 살 만큼 인기가 많아요. 인형의 인기가 높아지면서 인형에 **웃돈**을 붙여 비싸게 되파는 사람들도 늘고 있어요. 중국의 언론사 시나 파이낸스에 따르면, 지난해 희귀 모델의 연평균 수익률은 300% 이상으로 금의 연간 수익률(약 3~5%)을 훨씬 웃돌아요.

사람들이 이 인형에 너무 많은 돈을 쓰는 것에 대한 걱정의 목소리도 있어요. 특히 어떤 인형이 들어 있는지 알 수 없는 판매 방식 때문에, **과소비**나 중독으로 이어질 수 있다는 지적이에요.

어휘 쏙쏙

- **블라인드 박스**: 안에 무엇이 있는지 알 수 없는 상자.
- **웃돈**: 원래 값보다 더 주고 사는 돈.
- **과소비**: 필요 이상으로 돈을 많이 쓰는 것.

The 똑똑하게 신문 읽기

라부부 인형이 전 세계에서 인기를 얻게 된 이유를 적어 보세요.

 쏙쏙 경제 심화 학습

커지는 블라인드 박스 시장

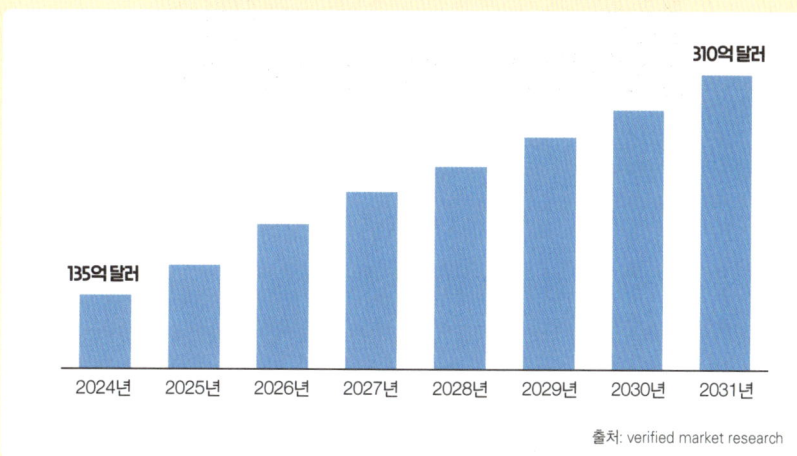

출처: verified market research

블라인드 박스는 상자를 열어보기 전까지 안에 무엇이 들어 있는지 알 수 없는 판매 방법이에요. 이 방식은 뽑기나 복권처럼 어떤 결과가 나올지 모른다는 설렘을 주기 때문에, 사람들이 원하는 물건이 나올 때까지 여러 번 사게 만들어요. 전 세계 블라인드 박스 시장은 2024년에 약 135억 달러(18조 원)였는데, 2031년에는 310억 달러(41조 원)로 커질 거라고 해요. 특히, 매년 평균 약 5.5%씩 꾸준히 성장할 거라고 예상돼요.

 메타인지가 쏙쏙

블라인드 박스 판매 방식의 좋은 점과 나쁜 점을 적어 보세요.

좋은 점	나쁜 점

009
K팝 유니버스의 힘, 〈케이팝 데몬 헌터스〉가 세계를 사로잡다

출처: 넷플릭스

글로벌 OTT 넷플릭스에서 공개된 애니메이션 영화 〈케이팝 데몬 헌터스〉가 공개된 지 열흘 만에 전 세계 33개 나라에서 1위를 차지했어요. 한국과 관련된 애니메이션이 이렇게 큰 인기를 끈 건 정말 놀라운 일이에요. 이 영화는 K팝 아이돌들이 무대 밖에선 '데몬 헌터', 즉 세상을 지키는 히어로로 활약하는 이야기예요. 미국 소니 픽처스에서 제작했지만, 한국계 감독과 배우, 가수들이 많이 참여했고, 북촌, 남산타워, 팬 사인회, 응원봉 등 K문화를 담고 있어요.

이 영화가 인기인 이유는 K팝이 전 세계적으로 사랑받고 있기 때문이에요. 요즘은 노래뿐 아니라 아이돌의 이야기, 캐릭터, 팬 문화까지 함께 즐기는 시대예요. 그래서 이런 이야기가 담긴 콘텐츠에 더 공감하는 거죠. 게다가 이 영화에 나오는 노래도 큰 사랑을 받고 있어요. 주제가로 쓰인 한 곡은 싸이의 '강남스타일' 이후 13년 만에 영국 음악 차트 1위를 차지했고, 미국의 빌보드 차트에서도 **사운드트랙** 부문 1위를 기록했어요. 정말 대단한 일이죠!

앞으로도 이런 '**K팝 유니버스**' 콘텐츠는 더 많아질 거예요. 음악, 애니메이션 등이 하나로 이어지며, K팝은 단순한 음악을 넘어 하나의 세계로 성장하고 있어요.

어휘 쏙쏙

- **사운드트랙**: 영화의 주제 음악이나 배경 음악을 담은 음반.
- **K팝 유니버스**: K팝을 중심으로 한 노래, 이야기, 굿즈 등이 하나로 연결된 세상.

The 똑똑하게 신문 읽기

〈케이팝 데몬 헌터스〉 영화가 전 세계적으로 인기를 끌 수 있었던 이유는 무엇인가요?

쏙쏙 경제 심화 학습

전 세계 사람들은 한국 하면 무엇이 떠오를까?

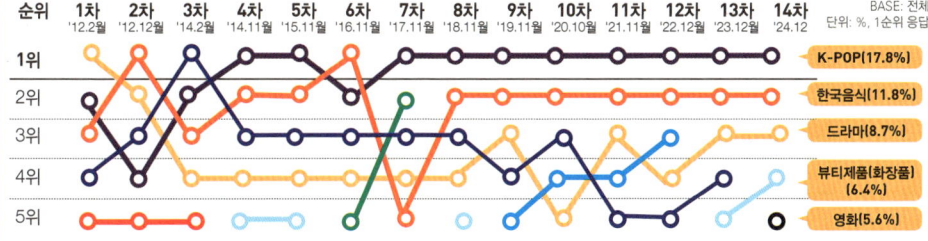

순위	1차 '12.2월	2차 '12.12월	3차 '14.2월	4차 '14.11월	5차 '15.11월	6차 '16.11월	7차 '17.11월	8차 '18.11월	9차 '19.11월	10차 '20.10월	11차 '21.11월	12차 '22.12월	13차 '23.12월	14차 '24.12	
1위															K-POP(17.8%)
2위															한국음식(11.8%)
3위															드라마(8.7%)
4위															뷰티제품(화장품)(6.4%)
5위															영화(5.6%)

BASE: 전체
단위: %, 1순위 응답

6위 IT제품/브랜드(5.1%)	7위 한류스타(4.1%)	8위 북핵위협/전쟁위험지역/북한(3.9%)	9위 뷰티서비스(성형)(3.4)	10위 게임/e-sports/프로게이머(3.4%)
11위 자동차(3.2%)	12위 패션(2.9%)	13위 경제성장(2.8%)	14위 태권도(2.7%)	15위 한국전쟁(2.6%)
16위 애니메이션(2.4%)	17위 한복/한옥/궁궐(2.0%)	18위 88올림픽/2002월드컵개최국(2.0%)	19위 예능프로그램(1.8%)	20위 한글(한국어)(1.7%)
21위 한국인 유튜버 영성(1.6%)	22위 스포츠/스포츠스타(1.2%)	23위 웹툰(1.1%)	24위 캐릭터 상품/이모티콘(0.8%)	25위 도서/문학(0.5%)

출처: 문체부

전 세계 사람들이 '한국' 하면 가장 먼저 떠올리는 건 K-팝이에요. 다음은 한국 음식, 드라마, 화장품, 영화 순이에요. 이처럼 한국 문화가 세계에서 인기를 끌면, 외국 사람들이 음악을 듣고 드라마를 보고 음식을 사고 한국을 여행하면서 돈을 쓰게 돼요. 그 결과 한국의 수출과 관광 수입이 늘고 경제에도 큰 도움이 되는 거예요.

메타인지가 쏙쏙

전 세계 사람들이 '한국' 하면 떠올리는 것 1위와 2위는 무엇일까요?

① 1위 K-팝, 2위 한국 음식
② 1위 드라마, 2위 K-팝
③ 1위 한국 음식, 2위 화장품
④ 1위 K-팝, 2위 드라마

① :정답

Part 6. 문화

010 로봇이 주인공인 한국 뮤지컬이 세계를 감동시키다

출처: CJENM

한국에서 만든 **뮤지컬** 〈어쩌면 해피엔딩〉이 미국 **토니어워드**에서 무려 6개 부문 상을 받았어요. 토니어워드는 브로드웨이 최고의 공연에 주는 권위 있는 상으로, 한국 뮤지컬이 이렇게 많은 상을 받은 건 매우 특별한 일이에요.

이 뮤지컬의 주인공은 감정을 가진 로봇들이에요. 외로움, 사랑, 이별 같은 감정을 사람처럼 느끼고 표현하며, 조용하고 감동적인 이야기로 전 세계 관객의 마음을 움직였어요.

따뜻한 이야기와 감성적인 무대로 많은 사랑을 받은 〈어쩌면 해피엔딩〉은 2016년 한국에서 처음 공연된 뒤 미국과 일본에서도 무대에 올랐어요. 최근에는 온라인 생중계 공연을 통해 실시간 채팅, 팬 아트 공모전, 댓글 이벤트 등 관객이 직접 참여하는 새로운 공연 문화로도 주목받고 있어요.

이 뮤지컬은 무대가 크지는 않지만, 따뜻한 음악과 감성적인 **연출**, 귀엽고 세심한 소품 덕분에 큰 감동을 주었어요. 해외 언론에서는 "이 뮤지컬의 성공은 '어쩌면'이 아니라 '확실하다'"라고 칭찬했을 만큼 인정을 받았어요. 이 작품은 K-뮤지컬의 멋진 미래를 보여주는 대표작으로 남게 될 거예요.

어휘 쏙쏙

- **뮤지컬**: 노래, 춤, 연기를 모두 볼 수 있는 공연, 이야기를 노래와 음악으로 표현하는 극.
- **토니어워드**: 미국에서 연극이나 뮤지컬 중 가장 뛰어난 작품이나 배우에게 주는 아주 유명하고 권위 있는 상.
- **연출**: 연극이나 방송에서 배우의 연기, 무대, 조명 등을 함께 꾸며서 하나의 멋진 공연으로 만드는 일.

The 똑똑하게 신문 읽기

K-뮤지컬 〈어쩌면 해피엔딩〉은 어떤 이야기를 담고 있었기에 세계적으로 사랑받을 수 있었을까요?

 쏙쏙 경제 심화 학습

지자체가 도와준 K콘텐츠 어떤 것이 있을까?

출처: 매일경제신문

한국 K콘텐츠의 세계적 성공 뒤에는 지방자치단체의 지원이 있었어요. 뮤지컬 〈어쩌면 해피엔딩〉은 대구시의 창작 지원을 통해 시작됐고, 애니메이션 〈엄마 까투리〉는 안동시와 경상북도의 투자로 제작돼 137억 원의 수익을 올렸어요. 진주시의 '실크유등'은 지역 전통을 살린 콘텐츠로 해외 전시와 수출까지 이어졌어요. 지역의 문화 자산이 세계 무대에서 빛나고 있는 좋은 사례예요.

 메타인지가 쏙쏙

뮤지컬이나 공연이 경제에 어떤 영향을 줄 수 있을까요?
① 티켓 판매로 돈을 벌 수 있어요.
② 외국 관광객이 한국을 방문할 수 있어요.
③ 관련된 일자리(배우, 무대 제작자 등)가 생겨요.
④ 모두 정답이에요.

정답: ④

K팝과 애니메이션으로 한국과 일본 청년이 만나다

출처: 매일경제신문

한국과 일본에서 서로의 문화를 즐기는 청년들이 늘고 있어요. 일본에서는 K팝, K푸드, K뷰티가 큰 인기를 얻고, 미용실에서 한국식 머리를 해 달라는 손님도 많아요. 일본이 가장 많이 수입하는 화장품도 한국산이에요. 최근에는 K팝 공연을 소재로 한 애니메이션까지 나와 화제가 되고 있어요.

동시에 한국에서는 일본 음식점과 애니메이션, J팝 공연이 인기를 끌고 있어요. 홍대에는 일본 애니메이션 가게들이 모여 있어 '홍키하바라'라는 별명까지 생겼죠. 일본 애니메이션 <귀멸의 칼날>은 국내에서 200만 명 넘게 봤을 정도이고, 일본 가수들의 **내한 공연**도 해마다 늘고 있어요.

이런 문화 교류 덕분에 두 나라 젊은이들의 **왕래**도 계속 늘고 있어요. 일본 학생들은 K팝과 드라마를 계기로 한국어를 배우고, 한국에서 대학 생활이나 **워킹홀리데이**를 하며 한국 문화를 직접 경험해요. 한국 학생들도 일본 애니메이션, 유학, 취업 기회를 찾아 일본으로 가는 경우가 많아요.

최근 조사(일본 내각부·동아시아연구원)에서는 양국 청년 대부분이 서로를 친근하게 느낀다고 답했어요. 전문가들은 이런 젊은 세대의 교류가 앞으로 두 나라를 더 가깝게 만들고, 함께 성장할 수 있는 기회를 넓혀 줄 거라고 말해요.

어휘 쏙쏙

- **내한 공연**: 외국 가수가 한국에 와서 하는 공연.
- **왕래**: 사람이나 물건이 오가고 드나드는 것.
- **워킹홀리데이**: 다른 나라에서 여행도 하고, 일도 하면서 생활할 수 있는 특별한 제도.

The 똑똑하게 신문 읽기

한국과 일본 사이에 일어나고 있는 문화적 교류의 예시를 적어 보세요.

 쏙쏙 경제 심화 학습

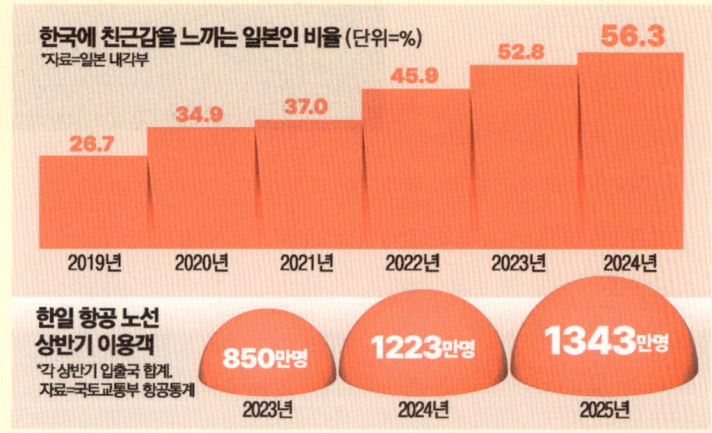

요즘 한국과 일본은 예전보다 서로 더 친하게 느끼고, 오가는 사람도 많아졌어요. 일본에서 조사한 결과, 2019년에는 일본인의 26.7%가 한국을 친근하게 느꼈는데, 2024년에는 56.3%로 크게 늘었어요. 특히 18~29살 젊은 층은 66.2%나 한국을 가깝게 생각했어요. 또 비행기를 타고 오가는 사람도 많아졌어요. 2023년 상반기에는 약 850만 명이 한국과 일본을 오갔는데, 2024년에는 1,223만 명으로 늘었고, 2025년에는 1,343만 명이 될 거라고 해요.

메타인지가 쏙쏙

우리나라와 일본의 문화적인 교류가 늘어나면 좋은 점과 우려되는 점을 적어 보세요.

좋은 점	
우려되는 점	

012

전 세계 5억 명이 본 게임 대회, 엄청난 경제 효과

출처: 라이엇게임즈

2024 리그 오브 레전드(LoL) 월드 챔피언십(롤드컵) 결승은 영국 런던 O2 아레나에서 열리며 큰 경제 효과를 냈어요. 현장에는 1만 4,500명이 입장했고, 경기장 주변 스크린으로 본 인원까지 합쳐 3만 명 이상이 찾아왔어요. 티켓은 최대 180파운드(약 32만 원)에 판매돼 약 40억 원 매출을 올렸고, **암표** 거래까지 고려하면 100억 원에 달했어요.

런던앤파트너스는 결승 경기만으로도 1,200만 파운드(약 214억 원)의 경제 효과를 추산했으며, 마케팅·홍보 가치를 포함하면 10배까지 확대될 수 있다고 전망했어요. 대회 기간 식당·카페 매출이 평소 대비 5배로 증가했고, 1만 명 이상의 해외 관광객이 방문하며 **도시 브랜드 가치**도 크게 상승했어요. 이번 사례는 **e스포츠**가 단순한 게임 대회를 넘어 관광, 소비, 도시 브랜드 가치까지 아우르는 대규모 경제 효과를 창출할 수 있음을 보여줬어요.

국내에도 비슷한 사례가 있어요. 부산은 2022년 MSI, 2023년 월드 챔피언십 8강·4강에 이어, 2025년 신설된 MSI LCK 대표 선발전을 최초로 개최하며 e스포츠 중심 도시로 자리 잡았어요. 대회 기간 9천 명에서 1만 5천 명에 이르는 관람객이 방문해 도시 홍보와 지역 경제 활성화에 기여할 것으로 기대돼요.

 어휘 쏙쏙

- **암표**: 정가보다 비싸게 되파는 티켓, 불법 거래로 간주됨.
- **도시 브랜드 가치**: 한 도시가 보유한 매력, 신뢰도, 인지도, 생활·관광 환경 등이 종합된 가치. 도시가 얼마나 매력적이고 영향력 있는지를 보여줄 수 있는 지표.
- **e스포츠**: 전자 스포츠(Electronic Sports)의 줄임말로, 컴퓨터 또는 비디오 게임으로 승부를 겨루는 스포츠.

The 똑똑하게 신문 읽기

e스포츠 개최와 같이 도시 브랜드 가치를 높이고 지역 경제를 활성화할 수 있는 방안은 무엇이 있을까요?

 쏙쏙 경제 심화 학습

전 세계 e스포츠 시장, 무려 2조 원 넘는 규모!

출처: 셔터스톡

한국콘텐츠진흥원에 따르면, 2024년 전 세계 e스포츠 시장 규모는 약 2조 4,181억 원으로 전망돼요. 주요 수익원은 스폰서십·광고(1조 3,100억 원)와 중계권(4,275억 원)이며, 전 세계 시청자는 2020년 4억 3,600만 명에서 2023년 5억 4,000만 명으로 24% 증가했어요. 국내에서는 '페이커' 이상혁 선수처럼 글로벌 팬덤을 지닌 스타들이 인기를 높이며 산업 성장을 이끌고 있어요.

 메타인지가 쏙쏙

e스포츠 대회 개최가 지역에 미치는 효과로 적절한 것은 무엇일까요? (정답 2개)

① 지역 식당, 카페의 매출 증가
② 도시의 인지도 하락
③ 외부 관광객의 방문 증가
④ e스포츠에 대한 지역 관심 하락

정답: ①, ③

손흥민 따라 움직이는 스포츠 방송 시장

손흥민이 미국 메이저리그사커(MLS) 데뷔전에서 맹활약하며 글로벌 스포츠 중계 시장의 판도가 흔들리고 있어요.

스포츠 중계권이 무엇이길래 기업을 울고 웃게 할까요? 중계권은 특정 경기나 리그를 방송

출처: 애플 홈페이지

할 수 있는 권리로, 시청률과 광고 수익, 유료 구독자 확보에 직접 영향을 미치는 중요한 자산이에요. 인기 있는 중계권을 확보하면 경기 시청을 위해 플랫폼에 가입하는 고객이 늘고, 광고 단가가 올라 수익 구조가 개선돼요. 기업들은 이를 통해 브랜드 이미지를 강화하고, 장기적으로 충성도 높은 고객층을 확보할 수 있어요.

영국 프리미어리그에서 활동하던 손흥민이 미국 리그로 이적하자, 중계 시장도 영향을 받았어요. 프리미어리그 **독점 중계**권에 6년간 약 4,200억 원을 투자한 쿠팡플레이는 핵심 스타의 리그 이탈로 시청자 유입 효과가 줄어들 수 있다는 우려를 안게 됐어요. 반대로 MLS 독점 중계권을 가진 애플TV는 '손흥민 효과'로 신규 구독자 확대와 광고 수익 증가를 기대하고 있어요.

손흥민의 고별전이 된 8월 3일 쿠팡플레이 시리즈 뉴캐슬전은 선예매 15분 만에 매진됐고, 당일 쿠팡플레이 **일간 활성 이용자 수**는 128만 명을 기록하며 1년 만에 최고치를 찍었어요. 티켓 판매와 OTT 가입자 유입, 브랜드 홍보 성과는 컸지만, 장기적으로 프리미어리그 중계권 투자금 회수에는 불확실성이 커졌어요.

어휘 쏙쏙

- **스포츠 중계권**: 특정 스포츠 경기를 방송할 수 있는 권리.
- **독점 중계**: 특정 방송사나 플랫폼만 해당 경기를 중계할 수 있는 형태.
- **일간 활성 이용자 수**: 하루 동안 해당 서비스를 이용한 이용자 수.

The 똑똑하게 신문 읽기

기업들이 인기 있는 스포츠 경기의 중계권을 확보하려는 이유는 무엇인가요?

쏙쏙 경제 심화 학습

스포츠 방송, 이제는 '내가 경기장 한가운데'

글로벌 스포츠 방송 기술 시장은 이런 발전 덕분에 2025년 약 848억 달러(약 112조 원)에서 2034년 1,462억 달러(약 193조 원)로 성장할 전망이에요(Precedence Research).
게다가 스포츠 중계는 이제 단순히 '보는 것'에서 끝나지 않아요. 요즘은 AI, VR(가상현실), 실시간 인터랙션 기술 덕분에 경기 속으로 들어가는 느낌을 줄 수 있어요. 예를 들어, AI는 경기가 끝나자마자 내 취향에 맞는 하이라이트 영상을 자동으로 만들어줘요. VR도 스포츠 방송에 활용돼요. VR 기기를 쓰면 집 거실이 경기장 1열로 변해요. 고개를 돌리면 관중석, 선수 벤치, 심판까지 보이고, 마치 내가 직접 드리블하고 패스하는 느낌도 받을 수 있어요. 어떤 기술은 '선수 시점'으로 경기를 볼 수 있게도 해줘요.

출처: 셔터스톡

메타인지가 쏙쏙

다음 중 독점 중계권을 산 기업이 투자금을 회수할 가능성이 가장 높아지는 상황은 무엇일까요?
① 해당 경기나 리그의 인기가 하락하는 경우
② 핵심 스타 선수들이 은퇴하거나 이적하는 경우
③ 경기 시청을 위해 새로 가입하는 사람이 많아지는 경우
④ 불법으로 중계하는 플랫폼이 많아지는 경우

정답: ③

Part 7

미래·과학

직원 10명이 조 단위를 번 비밀! 작은 회사의 놀라운 성공

요즘 인공지능(AI)은 생활과 일터에서 점점 더 많이 쓰이고 있어요. 스마트폰에 '오늘 날씨 어때?'라고 물으면 대답해 주는 음성 비서, 사진을 알아서 정리하는 AI처럼 예전보다 일을 훨씬 빠르고 **효율**적으로 할 수 있게 되었지요.

출처: 매일경제신문

예전에는 회사마다 부서가 나뉘어 사람들이 각자 다른 일을 맡았어요. 하지만 지금은 AI가 여러 일을 대신할 수 있게 되면서 회사 모습도 달라지고 있어요. 미국이나 유럽에는 직원이 10명도 안 되는 작은 회사가 AI 도움으로 놀라운 성과를 내고 있어요. 문서를 작성하거나 고객 답장을 보내고, 판매 전략까지 짜는 일을 AI가 빠르게 처리해 가능해진 거예요. 이제는 사람과 AI가 한 팀처럼 일하고, AI가 반복적인 일을 맡으면 사람은 더 중요한 판단과 창의적인 생각에 집중할 수 있어요. 실제로 어떤 **스타트업**은 직원이 5명뿐인데, AI 덕분에 한 달에 수십억 원의 수익을 내고 있답니다.

하지만 조심해야 할 점도 있어요. AI가 너무 많은 일을 맡으면 사람이 할 수 있는 일자리가 줄고 실수나 잘못된 정보를 줄 수도 있어요. 그래서 AI를 그냥 쓰는 게 아니라 똑똑하게 활용하는 게 중요해요. 한 기업 대표는 AI 전환을 **선제적**으로 이끄는 기업만이 시장의 **주도권**을 쥘 수 있다고 했어요. 이처럼 우리는 AI를 잘 알고 효율적으로 사용해야 해요.

어휘 쏙쏙

- **효율**: 들인 대가나 노력에 비하여 훌륭한 결과를 얻을 수 있는 기능이나 성질.
- **스타트업**: 혁신적인 기술 혹은 아이디어를 가진 신생 창업 기업.
- **선제적**: 선수를 쳐서 상대편을 제압하는 것.
- **주도권**: 주동적인 위치에서 이끌어나갈 수 있는 권리나 권력.

The 똑똑하게 신문 읽기

미국과 유럽의 몇몇 회사들은 직원 수가 10명도 안 되는 초경량 기업인데 엄청난 성과를 내고 있어요. 이것이 가능한 이유는 무엇인가요?

쏙쏙 경제 심화 학습

유니콘 기업은 무엇일까요?

유니콘 기업은 창업한 지 10년이 안 됐는데도 회사 가치가 10억 달러, 우리 돈으로 약 1조 원 이상이 된 특별한 회사를 말해요. 또 아직 증권 시장에 상장되지 않은, 새로운 아이디어로 시작한 젊은 스타트업이에요. 많은 스타트업이 생기지만, 이렇게 빠르게 크게 성장하는 유니콘 기업은 드물어요. 그래서 전설 속에서 찾기 힘든 동물인 유니콘의 이름을 붙였답니다.

우리나라에는 2024년 기준으로 22개의 유니콘 기업이 있는데, 유니콘 기업 수 기준으로 전 세계 10위 안에 들어요. 배달 앱, 온라인 쇼핑, 게임, 인공지능 같은 분야에서 크게 성장한 회사들이 여기에 포함되지요. 유니콘 기업은 생활을 편리하게 하고 나라 경제에도 큰 힘이 돼요.

메타인지가 쏙쏙

원래 1,000명이 일했던 회사에서 AI의 도움을 받아 10명이 일해도 똑같은 성과를 내게 된다면 어떤 좋은 점과 나쁜 점이 있을까요? 각자의 입장에서 생각해 보세요.

사장		직원	
좋은 점	나쁜 점	좋은 점	나쁜 점

세상을 바꿀 10가지 미래 기술은 무엇일까?

기술 이름	기술 설명
소형 모듈 원자로(SMR)	작고 저렴한 원자로, 탄소를 줄이며 전기 생산
GLP-1 약물의 확장된 쓰임	비만약에서 치매 등 뇌 질환 치료제로 활용 확대
몸속 박테리아 약물 생산	몸속 미생물이 약을 직접 만드는 생체 기술
AI 워터마킹 기술	AI가 만든 가짜 콘텐츠를 표시해 구별 가능
삼투압 발전	날씨 영향 없이 전기를 만드는 발전 기술
생화학 센서	몸 상태 변화를 감지해 자동으로 반응하는 센서
녹색 질소 고정 기술	탄소 없이 암모니아(비료 재료)를 만드는 기술
나노자임(Nanozyme)	효소처럼 작동하는 작고 저렴한 인공 촉매
협업 감지 기술	센서와 AI가 함께 상황을 파악하고 판단 지원
차세대 배터리 소재	빠르게 충전되고 오래가는 미래형 배터리 재료

최근 **세계경제포럼(다보스포럼)**이라는 국제회의에서 '세상을 바꿀 10가지 미래 기술'이 발표됐어요. 이 회의에는 여러 나라의 기업인, 과학자, 정치인이 모여 앞으로 세상이 어떻게 변할지 함께 이야기해요.

올해 주목받은 건 '소형 모듈 **원자로**'예요. 기존 원전보다 작고 가벼워 공장에서 만든 뒤 조립할 수 있어 설치가 쉽고 비용도 적으며, 탄소 배출도 줄여 친환경 기술로 기대돼요. 건강 분야에선 비만치료제(GLP-1)가 치매에도 도움이 될 수 있다는 연구가 나왔고, 몸속 박테리아에 유전자를 넣어 약을 만들게 하는 기술도 소개됐어요. 이밖에 AI가 만든 가짜 콘텐츠를 구별하는 '워터마킹 기술', 몸의 변화를 감지하는 '생화학 센서' 등도 선정됐어요.

이번에 뽑힌 기술들은 건강, 환경, 에너지 같은 문제를 해결할 가능성을 보여줘요. 과학이 바꿔 갈 세상, 기대되지 않나요?

어휘 쏙쏙

- **세계경제포럼(다보스포럼)**: 세계 전문가들이 모여 경제와 미래에 대해 이야기하는 국제회의.
- **원자로(SMR)**: 원자핵이 나누어질 때 나오는 에너지(열)를 이용해 전기를 만드는 큰 기계.

The 똑똑하게 신문 읽기

올해 가장 주목받은 기술은 무엇이고, 왜 주목받았나요?

 쏙쏙 경제 심화 학습

전기 먹는 하마인 데이터센터, SMR이 해결사가 될까?

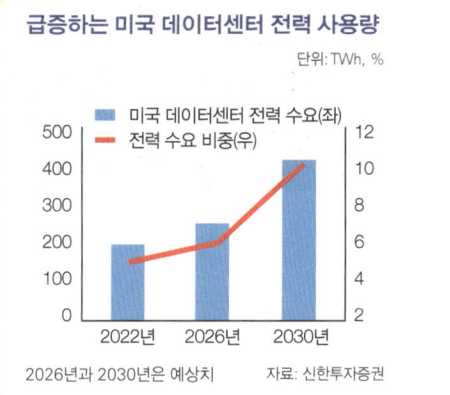

급증하는 미국 데이터센터 전력 사용량
단위: TWh, %
2026년과 2030년은 예상치 자료: 신한투자증권

신규 원전 중 SMR 건설 비중 전망
단위: %
자료: Idaho National Laboratory, KB증권

미국의 데이터센터에서 사용하는 전기량이 빠르게 늘고 있어요. 2022년에는 약 200TWh였지만, 2030년에는 두 배가 넘는 약 460TWh에 이를 것으로 예상돼요. 이처럼 전기 수요가 급격히 늘어나면서, 전기를 안정적으로 공급하지 못하면 산업 성장에 큰 영향을 줄 수 있어요.

이 때문에 안전하고 빠르게 전기를 공급할 수 있는 SMR가 더 주목받고 있어요. 앞으로 새로 지어질 원자력 발전소 중 SMR이 차지하는 비율은 2030년에는 전체의 약 30%, 2050년에는 절반(50%)에 이를 것으로 전망돼요.

 메타인지가 쏙쏙

이번 기사에서 소개된 기술 중에서 내가 가장 관심 있는 미래 기술은 어떤 것이고 이유는 무엇일까요?

003
5년 뒤 등장할 똑똑한 양자컴퓨터

요즘 과학자들이 아주 똑똑한 컴퓨터를 만들기 위해 연구하고 있어요. 이름은 **'양자컴퓨터'**예요. 지금 쓰는 컴퓨터보다 훨씬 빠르고, 어려운 문제도 뚝딱 해결해 '미래형 컴퓨터'라고 불려요. 구글의 한 과학자는 '앞으로 5년 안에 실제 생활에서 쓸 수 있을 거예요'라고 말했어요. 예를 들면, 복잡한 과학 실험을 똑같이 해보는 **'시뮬레이션'**을 훨씬 더 빠르고 정확하게 할 수 있다는 거예요.

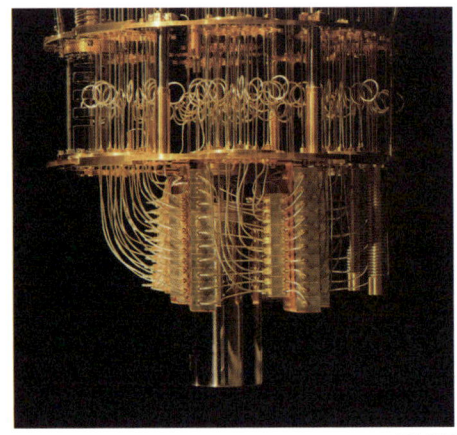

출처: IBM

그럼, 양자컴퓨터는 왜 이렇게 똑똑할까요? 지금 우리가 쓰는 일반 컴퓨터는 정보를 '0' 아니면 '1'로만 저장해요. 이걸 비트(bit)라고 해요. 하지만 양자컴퓨터는 '0이면서 동시에 1일 수도 있는' 큐비트(qubit)라는 걸 써요. 덕분에 여러 가지 계산을 한꺼번에 빠르게 처리할 수 있어요. 마치 한 사람이 동시에 여러 문제를 푸는 것처럼요.

그래서 양자컴퓨터는 약을 개발하는 실험, 날씨를 정확하게 **예측**하는 일, 돈의 흐름을 분석하는 금융 분야에서도 큰 도움이 될 수 있어요. 우리가 아직 풀지 못한 어려운 문제들도 양자컴퓨터는 훨씬 쉽게 풀 수 있을 거예요. 쉽게 말해서, 양자컴퓨터는 지금 우리가 쓰는 컴퓨터보다 훨씬 더 똑똑하고 빠른 슈퍼 계산기예요. 앞으로 이 컴퓨터가 어떻게 세상을 바꾸게 될지, 많은 사람들이 기대하고 있어요.

어휘 쏙쏙

- **양자컴퓨터**: 양자 역학의 원리에 따라 작동되는 컴퓨터. 양자 역학에 기반을 둔 독특한 논리 연산 방법을 도입하여 기존의 컴퓨터보다 정보 처리의 속도가 빠름.
- **시뮬레이션**: 실제 상황을 컴퓨터 속에서 가상으로 실험해 보는 것.
- **예측**: 앞으로 일어날 일을 미리 짐작하거나 계산하는 것.

The 똑똑하게 신문 읽기

양자컴퓨터가 일반 컴퓨터보다 뛰어난 이유는 무엇인가요?

쏙쏙 경제 심화 학습

양자 기술 경쟁, 우리는 지금 어디쯤일까요?

국가별 양자 기술 수준(점수)

순위	양자컴퓨터	양자통신	양자센서
1위	미국(100)	미국(84.8)	미국(100)
2위	중국(35)	중국(82.5)	중국(40.9)
3위	독일(28.6)	영국(40.7)	독일(40.7)
4위	일본(24.5)	독일(34.3)	영국(33.6)
5위	영국(24)	스위스(22.7)	일본(31)
⋮	⋮	⋮	⋮
12위	한국(2.3)	한국(2.9)	한국(2.9)

자료: 글로벌 R&D 전략지도

한국의 양자 기술 수준이 미국, 중국 등 주요 12개국 중 가장 낮은 것으로 나타났어요. 다른 나라는 수십조 원을 투자하며 앞서가고 있지만, 한국은 투자도 부족하고 계획도 늦어져 뒤처지고 있는 상황이에요. 특히 중국은 인재 양성과 기술 개발에 많은 돈을 쓰며 빠르게 성장 중이에요. 우리 정부도 올해부터 양자 기술에 더 많은 예산을 투입해 따라잡으려 하고 있어요.

메타인지가 쏙쏙

양자컴퓨터가 일반 컴퓨터보다 빠른 이유는 무엇인가요?
① 전기를 더 많이 쓰기 때문에
② 많은 사람들의 도움을 받아서
③ 여러 가지 계산을 동시에 할 수 있기 때문에
④ 화면이 더 크고 멋지기 때문에

정답: ③

AI가 법까지 도와준다! 똑똑한 법률 도우미

004

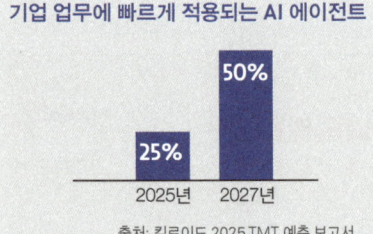

기업 업무에 빠르게 적용되는 AI 에이전트
- 2025년: 25%
- 2027년: 50%

출처: 킬로이드 2025 TMT 예측 보고서

전문분야에서 활약하는 AI 에이전트

분야	대표 에이전트	특징
법률	슈퍼로이어	법률문서초안, 신문 예상 질문 등 1분 만에 작성
금융	AI CFO	회사 자금 실시간 모니터링, 관련 보고서 자동 생성
교육	메시아	학생 학습 패턴 분석해 개인화된 공부 계획 제안
의료	바빌론	증상 분석해 초기 진단 및 상담, 의사 예약 진행

 2025년 1월, 국내 최초 AI 법률 비서 서비스 '슈퍼로이어'가 놀라운 성과를 보여 줬어요. 대한민국 변호사시험에서 정답률 74%를 기록해 합격선인 상위 30% 안에 든 거예요. 영어권이 아닌 나라의 AI가 자국 법률 시험에서 합격 수준을 넘은 건 처음이에요. 세계적 AI GPT-4.5(49.3%)나 Claude 3.7(45.3%)보다 높은 점수였어요.

 '슈퍼로이어'는 고소장이나 판결문을 스스로 만들고, 검사가 물어볼 질문도 미리 준비해 줘요. 덕분에 변호사들이 사건을 더 빠르고 정확하게 준비할 수 있어요. 이렇게 법률과 기술이 결합한 걸 '**리걸테크**'라고 해요. '리걸(Legal)'은 법률, '테크(Tech)'는 기술이라는 뜻이에요. 이 회사는 약 461만 건의 **판례** 데이터를 활용했고, 현재 5,400명 이상의 변호사가 이용 중이에요. 이는 국내 변호사의 약 15%에 해당해요.

 이처럼 AI가 도와주는 분야는 점점 늘어나고 있어요. 금융에서는 AI 금융 비서, 회사에서는 AI 자금 책임자(CFO), 병원에서는 AI **주치의**, 학교에서는 AI 수학 도우미도 생겨났어요. 전문가들은 앞으로 기업의 절반 이상이 AI 도우미를 쓰게 될 거라고 말해요. 이제 우리는 AI와 함께 일하며 살아가는 시대에 들어선 거예요.

 어휘 쏙쏙

- **리걸테크(LegalTech)**: 법(Legal)과 기술(Technology)의 합성어로 AI 같은 첨단 기술을 활용한 법률 서비스를 뜻하는 단어.
- **판례**: 예전에 있었던 재판의 결과를 기록한 사례, 비슷한 사건이 있을 때 참고함.
- **주치의**: 한 사람의 건강을 꾸준히 챙겨주는 의사 선생님.

The 똑똑하게 신문 읽기

AI 변호사 '슈퍼로이어'는 어떻게 사람처럼 법률 문제를 해결할 수 있을까요?

 쏙쏙 경제 심화 학습

AI 도입 후 감원하는 기업들

출처: 셔터스톡

요즘 많은 회사들이 인공지능(AI)을 사용하기 시작하면서 일부 사람들의 일자리가 줄어들고 있어요. 회사에서는 '재편성', '구조 조정'이라는 말로 표현하지만, 실제로는 AI가 일을 대신하게 되면서 사람을 줄이는 경우가 많아요.

세계경제포럼(WEF)의 〈미래 직업 보고서〉에 따르면, 세계 고용주 중 41%가 앞으로 5년 안에 AI를 도입해 직원을 줄일 계획이라고 해요. 또 전문가들은 초급 사무직의 절반 이상이 AI로 바뀔 수 있다고 보고 있어요. 이미 어떤 회사는 실제로 200명 이상을 감원하고, 그 자리에 AI 챗봇을 배치하기도 했어요.

이처럼 AI는 우리 생활을 편리하게 만들어주기도 하지만, 일자리를 바꾸거나 줄이는 영향을 줄 수 있어요. 앞으로는 사람과 AI가 함께 일할 수 있는 방법을 찾아야 해요.

 메타인지가 쏙쏙

AI가 법률문제를 잘 해결한다면, 미래에 변호사는 꼭 필요할까요?

AI가 대체할 수 없는 직업은 어떤 게 있을까요?

이제 농사도 AI가 척척!
스스로 일하는 똑똑한 트랙터

출처: 농촌진흥청

    내년 상반기에는 사람이 운전하지 않아도 스스로 논밭을 다니며 일하는 '4단계 **자율주행 트랙터**'가 출시돼요. 인공지능을 활용해 길을 찾고 농사일까지 할 수 있지요. 이 기술을 만든 곳은 대동그룹 연구소 '대동에이아이랩'으로, 농사를 더 똑똑하고 편리하게 하기 위한 세 가지 인공지능(AI) 기술을 개발하고 있어요.

    첫 번째는 이동 AI예요. 이 기술은 트랙터나 로봇이 스스로 장애물을 피해 다니고, 길을 찾아서 움직일 수 있게 해줘요. 비가 와서 진흙이 생기거나, 과수원처럼 울퉁불퉁한 길도 잘 판단해서 안전하게 갈 수 있답니다. 두 번째는 작업 AI예요. 이건 사람 대신 로봇이 씨를 뿌리거나, 열매를 수확하고, 잎을 따는 일을 해주는 기술이에요. 실제로 로봇 팔이 딸기를 따고 잎을 자르는 모습을 보여줘서 큰 관심을 받았어요. 세 번째는 재배 AI예요. 이 기술은 작물이 잘 자라고 있는지 살펴보고, 어떤 방법으로 키우면 더 좋은지도 알려줘요. 위성과 드론, 스마트 농기계가 모은 정보를 AI가 똑똑하게 분석해서, 식물에 딱 맞는 방법을 찾아주는 거예요.

    대동에이아이랩은 앞으로 이런 AI 농기계가 작물 상태를 스스로 판단하고, 가장 좋은 방법으로 농사를 도와줄 거라고 말했어요. 이런 기술이 더 발전하면, 농부들의 힘든 일을 덜어주고, 농사도 더 쉽고 정확하게 할 수 있게 될 거예요.

 어휘 쏙쏙

- **자율주행**: 사람의 조작 없이 스스로 움직이고 조종하는 것.
- **트랙터**: 논이나 밭에서 농사할 때 쓰는 큰 농업 기계.

The 똑똑하게 신문 읽기

AI 농기계가 생기면 농업은 어떻게 달라질까요?

 쏙쏙 경제 심화 학습

스마트팜(Smart Farm)은 무엇인가요?

출처: 셔터스톡

전국 지자체가 도심 속 빈 공간이나 폐건물을 활용해 스마트팜을 만들고 있어요. 스마트팜은 정보통신기술(ICT)을 이용해 작물의 생육 환경을 자동으로 관리하고, 농업 생산성을 높이는 첨단 농장이에요.

경기도는 방치된 지하보도나 폐공장을 활용해 도심형 스마트팜을 만들고 있고, 농촌에서도 체류형 스마트팜을 운영하고 있어요. 이런 스마트팜은 청년 농업인을 키우고, 지역 경제를 살리는 데 도움이 되고 있어요.

 메타인지가 쑥쑥

다음 중 '이동 AI'에 대한 설명으로 알맞은 것은 무엇일까요?
① 로봇이 딸기를 따고 잎을 자른다
② 농기계가 스스로 길을 찾아 논밭을 움직인다
③ 작물이 잘 자라는 방법을 알려준다
④ 사람이 리모컨으로 농기계를 조종한다

정답: ②

006 10대와 20대가 더 오래 쓰는 토종 AI 앱이 있다

국내에서 개발된 토종 AI 서비스들이 10~20대 사이에서 큰 인기를 얻고 있어요. 특히 챗GPT보다 1인당 사용 시간이 7.5배 많은 '제타'라는 앱이 주목받고 있어요. 이용자 1명당 월평균 사용 시간을 **추정**해 보면 챗GPT는 월평균 약 2.3시간을 사용하지만, 제타는 월평균 17.3시간가량을 사용한 것으로 나타났어요.

이런 인기는 젊은 세대가 쉽게 사용할 수 있고, 재미있으며 다양한 기능을 제공하기 때문이에요. 예를 들어, 대화형 AI로 이야기를 나누거나 그림을 그려주는 AI, 공부를 도와주는 AI 서비스가 있어요. **토종** AI는 한국어로 소통할 수 있고 우리 문화에 잘 맞게 개발되어 있어 사용자들이 더 편리하게 쓸 수 있어요. 기업들도 사용자들의 **피드백**을 반영해 계속 서비스를 개선하고 있거든요.

이처럼 토종 AI 서비스는 1020세대 사이에서 새로운 **소통** 도구이자 학습 도우미로 자리 잡고 있어요. 젊은이들의 일상에서 AI가 더 가까워지고 중요한 역할을 하면서 회사들은 더 열심히 프로그램을 개발하고 있어요. 또 정부와 기업이 협력해 토종 AI 기술을 더욱 키워 나가는 것도 중요한 과제로 떠오르고 있답니다.

어휘 쏙쏙

- **추정**: 어떤 사실을 직접 확인하지 않고, 미루어 생각해 알아봄.
- **토종**: 처음부터 그곳에서 자라고 이어져 온 종류.
- **피드백**: 어떤 결과를 참고해 부족한 점을 고치고 더 알맞게 바꾸는 방법.
- **소통**: 생각이나 뜻이 서로 잘 통해 오해가 없는 것.

The 똑똑하게 신문 읽기

토종 AI가 인기를 끈 이유는 무엇인가요?

 쏙쏙 경제 심화 학습

한국인이 가장 많이 사용하는 AI는 챗GPT

한국에서 가장 많은 사람들이 사용하는 인공지능 챗봇은 챗GPT예요. 2025년 6월 기준, 한 달 동안 챗GPT를 사용한 사람은 약 1,844만 명으로, 2위인 제타(304만 명)보다 6배 이상 많아요. 챗GPT는 글쓰기, 번역, 질문 답변, 코딩 등 다양한 기능을 한 번에 이용할 수 있어서 학생, 직장인, 창작자 등 여러 계층이 폭넓게 활용하고 있어요.

 메타인지가 쏙쏙

한국인들이 가장 많이 사용한 AI는 무엇인가요?

정답 : 챗GPT

한국인들이 가장 오래 사용한 AI는 무엇인가요?

정답 : 제타

스마트폰 다음은 스마트안경 시대가 와요

메타의 CEO 마크 저커버그는 스마트 안경이 '**포스트** 스마트폰' 시대의 핵심 기기가 될 것이라고 말했어요. AI가 눈과 귀로 들어온 정보를 바로 해석해 대화하거나 번역까지 해주는 시대에는, 안경이 가장 자연스럽고 편리한 형태라는 거예요.

출처:메타

메타는 세계적인 안경 브랜드와 함께 AI 안경을 내놓아 200만 대 이상 판매했고, 2027년에는 **증강현실**(AR) 기능을 강화한 '하이퍼 노바'를 출시할 예정이에요. 스마트 안경은 손을 쓰지 않고 촬영하거나, 음성 인식·실시간 번역·시각 정보 분석할 수 있어 업무, 교육, 여행, 장애인 보조 등 다양한 분야에서 활용이 늘고 있어요.

애플, 구글, 삼성 같은 기업들도 AI 기반 스마트 안경을 만들고 있으며, 전 세계 시장은 2033년까지 3배 이상 커질 것으로 예상돼요. 하지만 과거에는 소비자 선택에서 실패한 경우가 많았어요. 대표적으로 2013년 구글이 출시한 '구글 글라스'는 비싼 가격, 사생활 침해 논란, 낮은 실용성 때문에 2년 만에 **단종**됐죠. 이러한 실패를 반복하지 않기 위해 기업들은 '실생활에서의 유용성'에 초점을 맞추며 개발에 **박차**를 가하고 있어요.

어휘 쏙쏙

- **포스트**: '~이후' 또는 '다음'을 뜻하는 영어 'post'에서 온 말로, 어떤 사건이나 시기 뒤에 이어지는 것을 말함.
- **증강현실**: 진짜 세상에 보이는 모습에 컴퓨터로 만든 그림이나 물건을 겹쳐 보여주는 기술.
- **단종**: 물건이나 모델을 더 이상 만들지 않는 것.
- **박차**: 어떤 일을 더 빨리 잘하도록 힘을 보태는 것.

The 똑똑하게 신문 읽기

메타의 CEO 마크 저커버그는 무엇이 '포스트 스마트폰' 시대의 핵심 기기가 될 것이라고 밝혔나요?

쏙쏙 경제 심화 학습

스마트 안경, 누가 더 멋지게 만들까?

기업	특징	출시 시기
메타	투명 스크린과 증강현실(AR), 메타 AI 적용, 손 제스처 인식	2026~2027년
구글	제미나이 AI 적용, 지메일·구글맵 등 구글 서비스 활용	2026년
애플	음성 비서 시리 탑재, 실시간 번역·내비게이션 기능 등	2026년 말
바이트댄스	초경량 고글 형태, 전용 칩으로 사용자 움직임과 콘텐츠 간 시차 최소화	미정

메타 말고도 구글, 애플, 그리고 틱톡을 만든 중국 회사 바이트댄스도 스마트 안경을 만들고 있어요. 각 회사는 AI, 가상 세계, 가볍게 만드는 기술 같은 장점을 살려서 서로 다른 멋진 기능을 넣으려고 해요. 2026년부터 이런 제품들이 본격적으로 나오면, 스마트폰 다음 세대의 주인공이 누가 될지 알 수 있을 거예요.

메타인지가 쏙쏙

다음을 읽고 O, X를 해보세요.

① 마크 저커버그는 '눈과 귀로 들어오는 정보를 바로 해석해서 말하거나 번역하는 시대'에는 안경이 가장 자연스럽고 편리하다고 생각했다. (O / X)

② 메타는 전 세계에서 유명한 안경 회사와 함께 AI 안경을 만들어서 200만 대 넘게 팔았다. (O / X)

③ 2013년에 구글이 만든 구글 글라스는 지금까지 많은 사람이 쓰고 있다. (O / X)

정답 : ① O ② O ③ X

뉴스 보는 법도 변했다, 이제는 스마트폰과 인터넷으로 본다

출처: 셔터스톡

예전에는 TV나 신문으로 뉴스를 보던 사람이 많았지만, 최근에는 스마트폰과 인터넷으로 보는 경우가 더 많아졌어요. AI 기술 발전으로 뉴스 제작 방식도 크게 달라졌기 때문이에요. **언론**사는 **독자**와 더 잘 소통하고 재미있는 콘텐츠를 만들어야 살아남을 수 있어요. 이제는 AI를 활용해 개인 맞춤형 뉴스와 다양한 영상 콘텐츠를 제공하는 게 중요해졌지요. 기자의 역할도 단순 전달에서 벗어나 AI와 함께 깊이 있고 신뢰할 수 있는 뉴스를 만드는 쪽으로 바뀌고 있어요.

또 독자들은 점점 더 빠르고 쉽게 이해할 수 있는 뉴스를 원하고 있어서 언론사들도 이에 맞춰 새로운 시도를 하고 있어요. **빅데이터**와 AI를 활용하면 독자들의 관심사와 취향을 더 잘 파악할 수 있지요.

언론사는 기술 발전에 맞춰 기자 교육을 강화하고 있으며 딥페이크나 가짜 정보에서 사실을 찾아내는 것도 강조하고 있어요. 미래 언론의 모습은 사람과 AI가 협력해 더 정확하고 풍부한 정보를 전달하는 모습이 될 거예요.

결국, AI 시대 **저널리즘**의 미래는 사람과 기술이 함께 일하며 독자에게 가치 있는 정보를 전달하는 데 달려 있어요.

어휘 쏙쏙

- **언론**: TV, 라디오, 신문, 잡지처럼 세상 소식을 전하고 사람들의 생각을 나누게 하는 활동.
- **독자**: 책이나 신문, 잡지 같은 글을 읽는 사람.
- **빅데이터**: 컴퓨터와 인터넷에서 모인 아주 많고 다양한 정보.
- **저널리즘**: 신문이나 방송을 통해 사람들에게 중요한 소식과 생각을 전하는 일.

The 똑똑하게 신문 읽기

과거 TV나 신문으로 뉴스를 찾아보던 사람들이 최근에 스마트폰과 인터넷으로 뉴스를 보는 이유는 무엇일까요?

 쏙쏙 경제 심화 학습

빅데이터는 무엇일까요?

빅데이터는 우리가 매일 만들어내는 아주 많은 정보를 모아서 살펴보는 기술이에요. 이렇게 모은 정보를 분석하면, 경제가 어떻게 움직이는지 더 잘 이해하고 미래를 예측하는 데 도움을 줄 수 있어요.

예를 들어, 사람들이 인터넷에서 무엇을 검색하는지, SNS에서 어떤 이야기를 하는지, 카드 결제 기록이나 교통량 같은 정보를 모아서 보면, 사람들이 어떤 물건을 좋아하는지 알 수 있어요. 그래서 가게나 회사는 맞춤형 상품과 광고를 만들고, 물건을 더 효율적으로 팔 수 있답니다.

출처: 셔터스톡

메타인지가 쏙쏙

다음 문제에 답해 볼까요?

AI가 뉴스를 만든다면 어떤 점이 좋고, 혹시 걱정될 수 있는 점은 무엇일까요?

장점	걱정되는 점

AI가 나의 취향에 맞는 뉴스만 계속 보여준다면 장단점은 무엇일까요?

장점	단점

'민감 국가'가 되면 어떤 일이 생기는 걸까?

최근 미국이 우리나라를 '**민감 국가**'로 지정했어요. 이로 인해 한국과 미국의 과학 기술 협력이 어려워질 수 있다는 걱정이 커지고 있어요. '민감 국가'는 미국이 '이 나라에서 중요한 기술이 새어날 위험이 있다'라고 보고 특별히 관리하는 나라를 말해요. 이 명단에 오르면 기술 공유나 연구소 출입이 훨씬 까다로워져요.

앞으로 한국 과학자들이 미국 에너지부(DOE) **산하** 연구소를 방문하려면 최소 45일 전에 신청해야 해요. 또 최근 10년 동안의 학력과 경력을 자세히 적어 미국 정부의 허락을 받아야 갈 수 있어요. 특히 인공지능이나 양자컴퓨터처럼 미국이 중요하게 여기는 분야는 한국 연구자들이 아예 연구소에 들어가기 어려워질 수도 있어요.

지금까지는 한국과 미국 과학자들이 자유롭게 오가며 함께 실험하고 기술을 나눴지만, 앞으로는 이런 협력이 위축될 가능성이 커졌어요. 이는 단순히 귀찮은 절차가 늘어난 문제가 아니라, 우리나라가 미래를 위해 준비해온 첨단 과학 기술의 발전에도 영향을 줄 수 있다는 점에서 우려가 커지고 있어요. 그래서 과학기술정보통신부는 '앞으로도 미국과의 좋은 협력이 이어질 수 있도록 더 적극적이고 똑똑한 **대응**이 필요하다'라고 말하고 있어요.

민감 국가 및 기타 지정 국가 목록(SOL)

민감 국가	테러리스트 국가
조지아	이란
대만	인도
리비아	이스라엘
러시아	우즈베키스탄
몰다비아	우크라이나
북한	중국
벨라루스	타지키스탄
시리아	투르크메니스탄
수단	카자흐스탄
알제리	키르기스스탄
아제르바이잔	쿠바
아르메니아	파키스탄
이라크	대한민국

2025년 4월 15일 발효 예정 총 25개국
출처: 미국에너지부(DOE)

 어휘 쏙쏙

- **민감 국가**: 미국 정부가 기술 유출이나 안보에 위험이 있다고 판단해 특별히 관리하는 나라.
- **산하**: 어떤 기관이나 조직 아래에 속해 있는 단체나 기관.
- **대응**: 어떤 상황에 맞게 행동하거나 준비하는 것.

The 똑똑하게 신문 읽기

미국이 한국을 민감 국가로 지정하면서 어떤 변화가 생겼나요?

쏙쏙 경제 심화 학습

한·미 과학 교류 추이

우리나라 정부 연구 기관의 미국 국립연구소 방문 현황

	2017	2018	2019	2020	2021	2022	2023	2024	계
방문 건수	136	67	77	12	-	56	48	100	496
방문연구소	10	9	10	3	-	6	8	9	13

출처: 과학기술정보통신부

최근 5년 동안 한국과 미국의 과학 교류는 코로나19로 한동안 줄었다가 다시 활발해졌어요. 2020년에는 12건, 2021년에는 0건이었지만, 2022년 56건, 2023년 48건으로 늘었고 올해는 100건이나 되었어요. 이 숫자는 정부 연구 기관만 포함한 것이고, 대학이나 민간 기업까지 합치면 더 많을 거예요.

그런데 최근 미국이 한국을 '민감 국가'로 지정하면서, 미국 연구소 방문이 까다로워지고 공동 연구도 줄 수 있어요. 이는 우리 과학 기술 발전 속도를 늦추고, 미래와 경제에도 영향을 미칠 수 있는 중요한 문제예요.

메타인지가 쏙쏙

첨단 기술을 지키기 위해 다른 나라와의 협력을 제한해도 될까요? 나의 입장을 정하고 이유를 적어 보세요.

"미국은 중요한 기술이 다른 나라로 넘어가는 것을 막기 위해 한국을 '민감 국가'로 지정했어요. 앞으로 한국 과학자들이 미국 연구소에 가려면 까다로운 절차를 거쳐야 해요."

입장	이유
찬성	
반대	

010 몸무게 줄여주는 주사, 왜 이렇게 인기일까?

요즘 전 세계에서 가장 주목받는 약 중 하나가 비만 치료제예요. 살 빼기가 쉽지 않은데, 이 약은 배고픔을 덜 느끼게 하고, 음식을 천천히 소화시켜 체중을 줄여주는 효과가 있어 큰 인기를 끌고 있어요.

출처: 셔터스톡

대표적인 약은 '위고비(Wegovy)'예요. 일주일에 한 번 주사를 맞으면 평균 체중의 15% 정도가 줄어든다고 해요. 기존 약 '삭센다'보다 효과가 크고 맞는 횟수도 적어 편리하지요. 하지만 미국에서는 한 달에 180만 원이나 들고, 한국에서도 수십만 원에 이를 거라고 해요.

새로운 경쟁 약인 '마운자로(Mounjaro)'도 주목받고 있어요. 위고비보다 더 강력해 어떤 연구에서는 체중을 20% 넘게 줄이는 효과가 나타났다고 해요. 그래서 '차세대 다이어트 주사'로 불리고 있답니다.

효과가 크다 보니 **부작용**도 문제예요. 어떤 사람은 구토·무기력증을 겪었고 드물게는 **췌장염**이나 **시신경** 이상 같은 위험 사례도 보고됐어요. 전문가들은 반드시 의사의 처방과 관리 아래 사용해야 한다고 강조해요.

지금 비만 치료제 시장은 전 세계적으로 뜨겁게 달아오른 경쟁의 장이에요. 효과와 관심은 높지만, 가격과 부작용이라는 숙제도 남아 있어요. 앞으로 더 안전하고 저렴한 약이 나온다면, 건강 관리 방법이 크게 달라질지도 몰라요.

어휘 쏙쏙

- **부작용** : 약이나 치료 때문에 생기는 예상하지 못한 좋지 않은 반응.
- **췌장염** : 소화를 돕는 기관인 췌장(이자)에 생기는 염증. 배가 아프고 열이 날 수 있음.
- **시신경** : 눈에서 뇌로 시각 정보를 보내는 신경. 손상되면 시력이 나빠질 수 있음.

The 똑똑하게 신문 읽기

새로운 비만 치료제인 위고비와 마운자로가 인기를 끄는 이유와 사람들이 조심해야 하는 점은 무엇인가요?

 쏙쏙 경제 심화 학습

비만 치료제 시장, 2030년에는 4배 이상 성장한다

요즘 전 세계에서 비만 치료제 시장이 아주 빠르게 커지고 있어요. 2024년에는 약 159억 달러 규모였는데, 2030년에는 무려 605억 달러까지 커질 거라고 해요. 해마다 약 22%씩 성장하는

구분	2024년 시장 규모	2030년 전망
전 세계	약 159억 달러	약 605억 달러
한국	약 1.37억 달러	약 3.58억 달러

출처: Grand View Research, BioSpace+1

셈이지요. 우리나라 시장도 비슷한 흐름이에요. 2024년에는 약 1억 3천만 달러 정도였는데, 2030년에는 약 3억 5천만 달러 규모로 커질 거라고 해요. 매년 평균 17% 정도 늘어나는 속도예요.

이처럼 비만 치료제는 전 세계적으로 큰 주목을 받는 분야예요. 효과가 뛰어나고 관심도 높아서 앞으로 사람들의 건강 관리 방식을 크게 바꿀 수 있는 중요한 경제 주제로 떠오르고 있답니다.

 메타인지가 쏙쏙

앞으로 비만 치료제가 더 안전하고 저렴해진다면, 사람들의 생활이나 건강 관리 방식은 어떻게 달라질까요? 예상되는 장점(긍정적 변화)과 단점(문제점)을 함께 적어 보세요.

장점 (긍정적 변화)	단점 (새로운 문제)

Part 7. 미래·과학

빌 게이츠가 찾은 치매 예측의 비밀

치매는 기억력이 점점 떨어지고, 말이나 움직이는 힘이 약해지는 병이에요. 전 세계 약 6천만 명이 이 병으로 힘들어하며, 사망 원인 10위 안에 들 만큼 무서워요. 하지만 왜 생기는지는 아직 정확히 알지 못해요.

최근 '글로벌 신경 퇴행성 단백질체학 컨소시엄(GNPC)'이라는 국제 연구팀이 이 병을 더 빨리 알아낼 수 있는 세계 최대 단백질 자료를 만들었어요. GNPC는 미국 제약사 존슨앤드존슨(J&J)과 게이츠재단이 2023년에 함께 만든 연구 기구예요.

연구팀은 전 세계 23곳에서 모은 3만 5천 개의 혈액과 뇌척수액을 분석해서, 2억 5천만 건의 단백질 정보를 정리했어요. 그 결과 알츠하이머병과 파킨슨병마다 나타나는 특별한 단백질 변화를 찾아냈고, 치매 위험이 높은 유전자(APOE4)를 99% 정확하게 예측했어요. 또 몸속 **면역** 반응이 지나치게 강한 특징도 발견했어요.

이 자료는 피검사만으로 **조기 진단**을 하거나, 사람마다 맞춤형 치료제를 만드는 데 큰 도움이 될 거예요. 연구팀은 이 정보를 전 세계에 공개했고, 유명 학술지 《**네이처**》도 '조기 발견과 치료에 큰 도움이 될 중요한 성과'라고 평가했어요.

어휘 쏙쏙

- **치매(신경 퇴행성 질환)**: 여러 가지 뇌 질환 때문에 기억력, 말하기, 움직이기 능력이 점점 나빠지는 상태. 알츠하이머병, 파킨슨병 치매, 혈관성 치매 등이 여기에 포함됨.
- **면역**: 우리 몸이 병균이나 바이러스에 맞서 싸워 건강을 지키는 힘.
- **조기 진단**: 병이 심해지기 전에 미리 알아내는 것.
- **네이처**: 전 세계 연구 결과를 싣는 아주 유명한 과학 전문 잡지.

The 똑똑하게 신문 읽기

치매를 조기 진단하는 방법을 개발하면, 사람들에게 어떤 도움이 될까요?

 쏙쏙 경제 심화 학습

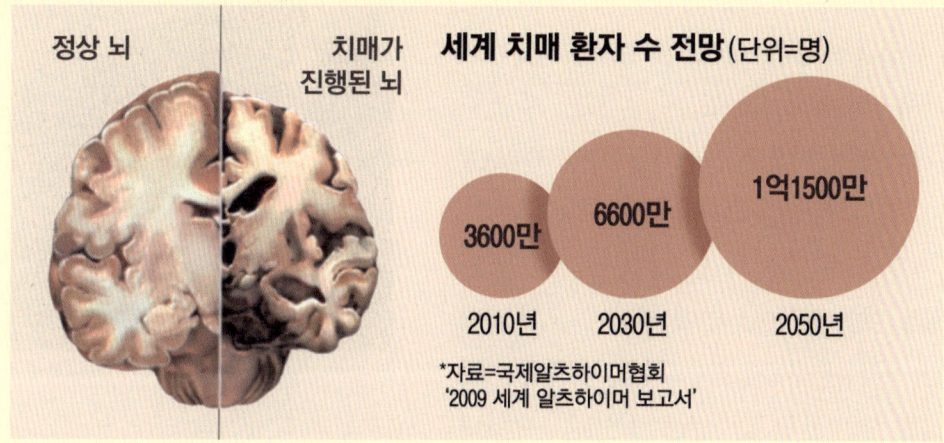

전 세계의 치매 환자 수가 계속 늘고 있어요

국제알츠하이머협회 보고서에 따르면, 전 세계 치매 환자는 2010년에 약 3,600만 명이었어요. 그런데 2030년에는 약 6,600만 명, 2050년에는 무려 1억 1,500만 명에 이를 것으로 예상돼요. 환자가 이렇게 빨리 늘어나면, 치료비나 돌봐줄 사람 등 사회에 필요한 돈과 인력이 훨씬 많이 필요해져요. 그래서 치매는 한 사람의 건강 문제를 넘어, 나라 전체의 복지와 경제에도 큰 영향을 주는 중요한 문제예요.

 메타인지가 쏙쏙

늘어나는 치매 환자에 대한 인식으로 가장 알맞은 것은 무엇일까요?
① 치매는 나이 든 사람만 걸리므로 가족만 돌보면 된다
② 사회가 함께 지원하면 가족의 부담을 줄이고, 모든 시민의 삶의 질을 지킬 수 있다
③ 국가 예산을 줄이기 위해 개인에게만 맡겨야 한다
④ 치매 환자는 사회와 무관한 문제다

정답: ②

Part 7. 미래·과학

600년 만에 돌아온 자이언트 새, 모아 복원 프로젝트

15세기에 **멸종**한 거대한 새 '자이언트 모아(Giant Moa)'를 되살리려는 프로젝트가 미국의 **생명공학** 회사에서 시작됐어요. 자이언트 모아는 뉴질랜드에 살던, 날지 못하는 새로 키가 무려 3.6m나 되었어요. 하지만 약 600년 전, 뉴질랜드에 온 마오리족이 너무 많이 사냥해서 멸종하고 말았죠.

이번 **복원** 계획은 모아 화석에서 DNA를 뽑아, 모아와 가장 가까운 새인 에뮤와 티나무의 DNA를 합쳐서 편집하는 방식이에요. 이렇게 해서 5~10년 안에 알에서 모아와 비슷한 새가 태어나게 하는 거죠. 부화한 새는

출처: ChatGPT 생성 이미지

특별한 자연 훈련 장소에서 키운 뒤, 야생으로 돌려보낼 계획이에요.

이 프로젝트에는 영화 <반지의 제왕>을 만든 피터 잭슨 감독이 무려 206억 원을 투자했어요. 그는 '몇 년 안에 다시 모아를 볼 수 있다는 희망은 어떤 영화보다도 기쁘고 만족스럽다'라고 말했어요. 이 회사는 모아뿐만 아니라 매머드, 도도새, 다이어 울프 같은 다른 멸종 동물 복원도 준비 중이에요.

하지만 일부 과학자들은 이렇게 태어난 새가 진짜 모아가 아닐 수도 있다며 걱정해요. 그래서 '정말로 모아가 돌아올 수 있을까?'라는 논쟁이 계속되고 있답니다.

어휘 쏙쏙

- **멸종**: 어떤 동물이나 식물이 완전히 사라져 더 이상 존재하지 않게 되는 것.
- **생명공학**: 생물의 특징과 기능을 연구하고, 이를 이용해 사람이나 환경에 도움이 되는 기술이나 제품을 만드는 과학 분야.
- **복원**: 원래의 상태로 되돌리거나 다시 살려내는 것.

The 똑똑하게 신문 읽기

자이언트 모아 복원에 어떤 새의 DNA가 사용됐을까요?

쏙쏙 경제 심화 학습

우리나라의 멸종위기 야생생물 보호 이야기

특정야생동식물 지정
1989~1997
총 203종 지정

멸종위기 야생동·식물 Ⅰ, Ⅱ급 지정
2005~2011
총 221종 지정

멸종위기 야생생물 2차 개정
2017.12.29.
총 267종 지정

| 1989~1997 | 1998~2004 | 2005~2011 | 2012.07 | 2017.12 | 2022.12~현재 |

멸종위기 야생동·식물 및 보호야생동·식물 지정
1998~2004
총 194종 지정

멸종위기 야생생물 1차 개정
2012.7.27.
총 246종 지정

멸종위기 야생생물 3차 개정
2022.12.9.
총 282종

동물이 사라지면 자연의 균형이 깨질 수 있으니, 멸종위기 생물은 꼭 지켜야 해요. 우리나라는 이런 생물을 보호하기 위해 1989년부터 '특정야생동식물'을 정해 법으로 지키기 시작했어요. 이후 포유류, 새, 물고기, 곤충, 해조류, 버섯 같은 균류까지 보호 대상이 늘어났어요. 이렇게 많아진 건 서식지가 사라지고 환경이 변하면서 위험한 생물이 계속 늘어나기 때문이에요.

메타인지가 쏙쏙

왜 모아 복원이나 멸종위기 야생생물 보호 같은 노력이 필요할까요?
① 동물이 사라지면 자연의 균형이 무너질 수 있기 때문이다
② 동물이 사라지면 영화에 나올 동물이 줄어들기 때문이다
③ 동물이 사라지면 동물원 운영이 힘들어지기 때문이다
④ 동물이 사라지면 사람의 집이 줄어들기 때문이다

정답: ①

스타링크처럼 우리도 초소형 위성 100기 쏜다

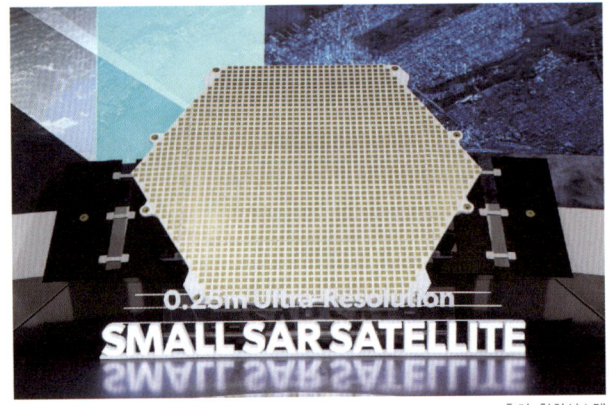

출처: 한화시스템

민간기업이 우주 개발을 주도하는 '**뉴 스페이스**' 시대를 맞아 정부가 초소형 위성(100kg 이하) 개발사업을 적극 추진하고 있어요.

정부는 안보, 통신, 재난 대응, 우주 탐사 등 다양한 분야에 활용하기 위해 2031년까지 약 100기를 발사할 계획이에요. 1호기는 정부와 민간이 함께 제작하고, 2호기부터는 산업체 주도로 양산해 우주산업 저변을 확대할 방침이에요.

초소형 위성은 제작·발사 비용이 낮고, 대형 위성보다 제작 기간이 짧아 수개월 내 완성이 가능해요. 발사 일정 조정이 유연해 기상 변화나 통신 장애에도 신속히 대응할 수 있고, 다수의 위성을 동시에 발사하면 더 넓은 지역을 커버할 수 있어요. 반면 대형 위성은 비용이 높고 발사 주기가 길어 변화에 빠르게 대응하기 어려워요.

2019년부터 미국 기업 '스페이스X'는 전 세계에 고속 인터넷 서비스인 '**스타링크(Starlink)**'를 제공하기 위해 수천 기의 초소형 위성을 발사했어요. 이는 초소형 위성이 상업적으로도 성공할 수 있다는 가능성을 입증한 사례예요. 글로벌 소형 위성 시장은 2024년 약 180억 달러(24조 원)에서 2030년 2,000억 달러까지 성장할 것으로 예상돼, 경쟁력 확보가 더욱 중요해지고 있어요.

어휘 쏙쏙

- **뉴 스페이스**: 민간 기업이 우주 개발을 주도하는 새로운 흐름.
- **초소형 위성**: 무게가 100kg 이하인 작은 크기의 인공위성.
- **스타링크**: 미국 기업 스페이스X가 초소형 위성을 이용해 전 세계에 제공하는 고속 인터넷 서비스.

The 똑똑하게 신문 읽기

초소형 위성을 활용할 때 기존의 대형 위성에 비해 더 나은 점은 무엇인가요?

쏙쏙 경제 심화 학습

성장하는 초소형 위성 시장

초소형 위성 시장 규모	2024년 114억 달러(약 15조 원) 2025년 142억 달러(약 19조 원) 2032년 197억 달러(약 26조 원)
연평균 성장률(CAGR)	약 8%
주요 활용 분야	지구 관측, 통신, 과학 연구, 국방 안보 순
최종 사용처	정부·군, 상업 기업, 연구 기관 순
초소형 위성의 종류	마이크로 위성: 10~100kg 나노 위성: 1~10kg 큐브샛(Cubesat): 정육면체 모듈(1U=10cm) 단위로 제작, 주로 1~3U 크기 피코 위성: 1kg 이하 초경량 위성

출처: Fortune Business Insights

글로벌 소형 위성 시장 규모는 2024년 약 114억 달러(약 15조 1,000억 원)에서 2025년 142억 달러(약 18조 8,000억 원), 2032년 197억 달러(약 26조 1,000억 원)로 성장할 것으로 예측돼요.

메타인지가 쏙쏙

아래 글을 읽고, 빈칸에 알맞은 말을 쓰세요.

① 초소형 위성이 발전하면 전 세계 어디서나 (　　　) 을 사용할 수 있게 된다.
② 초소형 위성의 발전은 농업·해양·환경 등에서 (　　　) 데이터 활용을 가능하게 한다.
③ 스타링크는 미국 기업 (　　　) 가 만든 초소형 위성 기반 고속 인터넷 서비스이다.

정답: ① 인터넷 ② 실시간 ③ 스페이스X

 **Part 1. 나**

 초등학생이 가장 선호하는 직업인 유튜버의 수입은?

주식에 도전하는 10대가 늘고 있어요

 내가 1년에 받은 택배가 무려 115개나 된다고요?

브라질 닭 때문에 우리 치킨값이 오른다고요?

 이것도 중국산 김치? 배춧값이 치솟은 이유

돈을 아끼고 모으는 법, 이제 학교에서 배워요

 현금은 줄고, 카드와 디지털 화폐가 주인공이 되는 시대

아직 출시도 안 된 게임기가 두 배 가격에 팔린다고요?

 진짜처럼 보이지만 거짓일 수도 있는 가짜뉴스

우리나라 학생 3명 중 1명은 잠이 부족해요

 노담·노술이지만, 숏폼 영상은 멈추기 힘들어요

비만은 줄었으나 시력 저하와 충치는 늘고 있어요

 함부로 맞으면 위험한 성장호르몬 주사

 **Part 2. 우리**

 노쇼로 남은 밥버거 100개, 무료로 나눈 착한 사장님

여행 갔다가 깜짝! 제주도 바가지요금 이야기

 우리 지역에서만 쓸 수 있는 특별한 지역화폐

 영끌해서 가게를 열었는데, 경쟁이 너무 치열해요

 하루 2시간, 길 위에서 보내는 사람들이 있다고요?

 선을 넘은 카공족 때문에 카페 규칙이 달라졌어요

 관객이 줄자, 영화관 두 곳이 힘을 합쳤어요

 용돈 33만 원을 모아 기부한 초등학생의 따뜻한 이야기

 통신사 해킹으로 2,600만 명의 정보가 유출됐어요

 앞으로 더 많은 학교가 사라질 수도 있어요

 우리 함께 저출생과 고령화 문제를 해결해요

블루 오션으로 떠오르는 시니어 산업은 왜 인기일까요?

 운전면허를 반납한 어르신께 40만 원이 지원돼요

 **Part 3. 나라**

 대전에서만 살 수 있는 특별한 꿈돌이 라면

1초에 79개, 한국 라면이 전 세계로 팔려요

 우리나라 웹툰 시장이 위기에 빠졌어요

하루만 일해도 100만 원을 받는 특별한 알바

 나이와 직업 상관없이 모두가 당할 수 있는 보이스 피싱

거짓 테러 협박으로 멈춘 공연과 백화점, 경제적 손실이 커져요

 가게 리뷰가 대출에도 도움이 된다고요?

한국 주식시장이 힘을 내고 있어요! 코스피 3,000 시대

 경제가 불안하다고 느끼면 사람들은 왜 금을 살까요?

13만 개나 되는 특허를 가진 기업은 어디일까요?

 우리나라 14개 지방공항 중 11곳이 적자라고요?

싱글 페널티 때문에 혼자 사는 사람들이 불만이 많아요

 부산에서 세계문화유산의 미래를 함께 이야기해요

Part 4. 국제

운전석에 사람이 없다! 인공지능 로보택시 출발

미국 도로가 깜짝! 자동차가 공중 점프한 사연

전쟁 중인 러시아, 제주 감귤을 왜 이렇게 많이 살까?

일본 쌀이 부족해지자 한국산 쌀이 인기

베네치아를 떠들썩하게 만든 760억 원짜리 결혼식

한한령이 뭐길래? K팝 스타들이 중국에 못 가요

만화책 한 권 때문에 무려 5조 원이 사라졌다고요?

지브리풍 얼굴이 인기! 챗GPT 가입자가 폭발한 이유는?

 AI 천재를 잡아라! 빅테크 기업들의 스카우트 전쟁

세계를 놀라게 한 은퇴 소식, 워런 버핏은 누구일까요?

 세상에서 가장 비싼 치즈, 6천만 원에 팔린 비밀

한국과 미국의 무역 관세 협상이 끝났어요

 호주에서는 16세 미만 청소년이 SNS를 사용할 수 없어요

 Part 5. 환경

 사상 최강의 무더위로 에어컨 판매가 늘어났어요

불쾌한 러브버그, 왜 약을 안 뿌릴까요?

 종이 빨대, 앞으로도 계속 써야 할까요?

 이젠 빠르기보다 착하게! 달라진 요즘 옷 이야기

 친환경 제품이라더니, 친환경이 아닐 수도 있다고요?

 그 많던 꿀벌은 다 어디로 갔을까요?

 우리 동네 땅속은 괜찮을까? 서울시가 싱크홀 지도를 공개했어요

 우리나라에서 가장 큰 산불 피해가 생겼어요

 친환경차가 대세! 처음으로 내연차보다 더 많이 팔렸어요

 배에서 나오는 탄소에도 세금을 내야 한다고요?

 불가사리를 보물로 바꾸는 놀라운 발명

비가 많이 오면 보험회사는 왜 힘들어질까요?

 환경도 지키고 교통비도 아끼는 기후동행카드

 **Part 6. 문화**

 책 읽기가 멋있는 시대, 종이 매체의 귀환

대한민국, 다시 책에 빠지다! 한강 작가가 불러온 변화

 꼭 필요한 것만 사는 요노족의 똑똑한 소비 습관

'천천히 늙기'가 인기라고? 2030의 건강 전략

 옛날 카메라와 헌 옷, 10대들이 찾는 특별한 멋

새로운 매력으로 다시 태어난 전통문화

 불확실한 미래가 걱정돼, 운세를 보는 사람들이 늘었어요

금보다 비싼 인형! 전 세계가 열광하는 '라부부'

 K팝 유니버스의 힘, <케이팝 데몬 헌터스>가 세계를 사로잡다

로봇이 주인공인 한국 뮤지컬이 세계를 감동시키다

 K팝과 애니메이션으로 한국과 일본 청년이 만나다

전 세계 5억 명이 본 게임 대회, 엄청난 경제 효과

 손흥민 따라 움직이는 스포츠 방송 시장

Part 7. 미래·과학

직원 10명이 조 단위를 번 비밀! 작은 회사의 놀라운 성공

세상을 바꿀 10가지 미래 기술은 무엇일까?

5년 뒤 등장할 똑똑한 양자컴퓨터

AI가 법까지 도와준다! 똑똑한 법률 도우미

이제 농사도 AI가 척척! 스스로 일하는 똑똑한 트랙터

10대와 20대가 더 오래 쓰는 토종 AI 앱이 있다

스마트폰 다음은 스마트안경 시대가 와요

뉴스 보는 법도 변했다, 이제는 스마트폰과 인터넷으로 본다

 '민감 국가'가 되면 어떤 일이 생기는 걸까?

 몸무게 줄여주는 주사, 왜 이렇게 인기일까?

 빌 게이츠가 찾은 치매 예측의 비밀

 600년 만에 돌아온 자이언트 새, 모아 복원 프로젝트

 스타링크처럼 우리도 초소형 위성 100기 쏜다

하루 한 장
초등 경제 신문 2

초판 1쇄 2025년 9월 10일

지은이 김선, 윤지선
감수 퍼핀
펴낸이 허연
편집장 유승현

책임편집 고병찬
편집부 정혜재 김민보 이예슬 장현송
마케팅 한동우 박소라 임성아
경영지원 김정희 오나리
디자인 김보현 한사랑

펴낸곳 매경출판(주)
등록 2003년 4월 24일(No. 2-3759)
주소 (04557) 서울시 중구 충무로 2(필동1가) 매일경제 별관 2층 매경출판(주)
홈페이지 mkbook.mk.co.kr   **스마트스토어** smartstore.naver.com/mkpublish
페이스북 @maekyungpublishing   **인스타그램** @mkpublishing
전화 02)2000-2610(기획편집) 02)2000-2646(마케팅) 02)2000-2606(구입 문의)
팩스 02)2000-2609   **이메일** publish@mkpublish.co.kr
인쇄·제본 ㈜M-print   031)8071-0961
ISBN 979-11-6484-803-4(73320)

© 김선, 윤지선 2025

책값은 뒤표지에 있습니다.
파본은 구입하신 서점에서 교환해 드립니다.

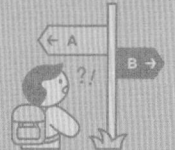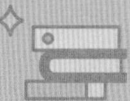